LENGUAJE CORPORAL

Una simple guía para el dominio, alto estatus y la comunicación no verbal

(Comunicación no verbal para atraer la gente al instante)

Vito Prado

Publicado Por Daniel Heath

Todos los derechos reservados

Lenguaje corporal: Una simple guía para el dominio, alto estatus y la comunicación no verbal (Comunicación no verbal para atraer la gente al instante)

ISBN 978-1-989853-22-1

Este documento está orientado a proporcionar información exacta y confiable con respecto al tema y asunto que trata. La publicación se vende con la idea de que el editor no esté obligado a prestar contabilidad, permitida oficialmente, u otros servicios cualificados. Si se necesita asesoramiento, legal o profesional, debería solicitar a una persona con experiencia en la profesión.

Desde una Declaración de Principios aceptada y aprobada tanto por un comité de la American Bar Association (el Colegio de Abogados de Estados Unidos) como por un comité de editores y asociaciones.

TABLA DE CONTENIDO

Parte 1

Introducción

Quiero agradecerte y felicitarte por hacer la descarga del libro.

Existen razones por las que la gente te mira en la forma en la que lo hace. En un ambiente de trabajo y en una relación interpersonal, importa mucho si te presentas como un ser humano veraz, franco, íntegro y decente, pero algunas veces, nuestro lenguaje corporal nos puede jugar una mala pasada. Si no sabes lo que te está deteniendo, dale una pasada a las páginas de este libro, porque te ayudará a entender dónde es que puedes estar cometiendo algún error.

¿Alguna vez haz juzgado a alguien por la primera impresión? Mucha gente lo hace, y es por eso que la primera impresión es tan importante en la manera en que una relación interpersonal funciona. Sin poner atención en el lenguaje corporal, al momento de acudir a una entrevista, podrías perder una oportunidad única de tu vida, o fallar al impresionar a la niña de tus ojos.

El problema de comunicarse con las personas a las que no conoces bien, es que todo depende de los mensajes no verbales y estos pueden ser malinterpretados. ¿Alguna vez has visto molesta a una colega porque sus progresos fueran contrariados? Ella esperaba un resultado distinto; quizás porque estaba enviando señales equivocadas. Es desalentador y es humillante cuando no entiendes el lenguaje corporal y no puedes usarlo para impresionar y tampoco para leerlo de forma adecuada.

Sin embargo, tenemos ayuda a la mano y dentro de las páginas de este libro encontrarás las soluciones a tus problemas y serás capaz de mostrarte en una forma en la que no queden preguntas sin contestar, para que se garantice tu éxito, tanto en los negocios como en el ambiente de las relaciones interpersonales.

Capítulo 1 – Errores típicos que podrías estar cometiendo

En este capítulo descubrirás:

· *Por qué la gente se burla de ti.*
· *Por qué tu curricular se ve más profesional que tu persona.*
· *Por qué ella no te da una segunda mirada.*
· *La burla y la raíz de su causa.*

Seguro has visto a gente siendo ridiculizada en las películas, o incluso en la vida real. Los seres humanos aprenden mucho por medio de la observación. El niño que trata de impresionar a la niña puede ser parodiado por su inexperiencia. El colega en la oficina puede ser caricaturizado porque su lenguaje corporal lo hace parecer un bicho raro. Todo se reduce a la percepción de la gente o quién eres y esto se subordina al lenguaje no verbal. Antes de que siquiera emitas una palabra, la gente puede lanzar una estocada salvaje sobre tu persona y al tipo de reputación que tienes, solo al ver tu apariencia.

Esto es debido a que le damos mucha importancia a la apariencia de una persona. Aun cuando conversamos con alguien o interactuamos, tendemos a adelantar conclusiones al solo estudiar la imagen externa y el lenguaje no verbal del individuo.

Ese horroroso tipo que está sentado, viendo a los niños jugar. ¡Seguro es un pedófilo! ¿La niña que usa anteojos enormes y pantaloncillos cortos? ¡De seguro es una "hípster"!.¿El hombre que no deja de mirarte desde el otro lado de la sala? ¡Ah de ser un pervertido!

¿Notas lo importante que es el lenguaje corporal?; ¿Te das cuenta cómo la vestimenta y tu porte afectan la forma en que te juzga la gente?

¡Inténtalo! Ubícate en un café y ponte a observar. Mira a otras personas a las que nunca habías visto antes y adelanta conclusiones, porque con ayuda de la observación podrás ver donde podrías tú mismo, estar cometiendo errores.

Tu currículum vs tu presencia real.

Cuando un patrón te pide que acudas a una entrevista, éste no tiene idea de quién eres, salvo lo que has escrito. Este puede estar impresionado por tu currículum gracias a tus antecedentes y la presentación de tus documentos, pero no sabe cómo luces y qué tan apto eres, para convertirte en un representante de la empresa. La reunión inicial importa más de lo que te imaginas. Si se percibe un sentimiento negativo basado en tu lenguaje corporal, es poco probable que consigas el empleo. Así es de importante la primer entrevista. A pesar de todos los títulos en el mundo, no podrás superar la barrera de obstáculos sin que dejes satisfecho al entrevistador con la forma en que te presentes.

Los errores que normalmente cometes con tu lenguaje no verbal en una entrevista son:

Luces demasiado ansioso – Trata de verte despreocupado, como si no estuvieras desesperado por el trabajo. Cuando muestras que estás desesperado, indirectamente terminas mostrándote como una persona débil. Pero esto no significa que debas ser demasiado casual con un talante presuntuoso. ¡Tú no quieres aparecer como alguien arrogante!

No te muestras seguro – Admitámoslo, los jefes algunas veces prefieren a la gente que luce segura de sí misma, opuesto a la gente que muestra una apariencia nerviosa. ¿A quién prefieres contratar: una mente brillante cuyo semblante de náufrago no le permite construir una simple frase sin bañarse en sudor frío, o mejor un tipo promedio que es muy seguro y no tiene miedo de dar su opinión? ¡Muchos jefes preferirán al segundo; incluso si éste no es tan brillante como el primero!

La forma en que te vistes, te muestra descuidado – Seamos sinceros, aún con la frase desgastada de "la primera impresión es la última impresión", tiene cierta carga de verdad. El vestir de manera descuidada es un indicador de negligencia y ningún empleador quiere bajo su mando a un empleado descuidado. Así que, si te presentas a una entrevista vestido, o vestida de forma descuidada; con una mirada, el entrevistador ya tomó la decisión de no contratarte y, ¡tú eres una causa perdida!

No miras a los ojos a las personas – Se dice que los ojos son las ventanas del alma. Cuando evitas el contacto visual, das una falsa impresión de que estás escondiendo algo o no eres seguro de ti mismo.

Haces un débil apretón de manos – Un apretón de manos débil es una muestra de baja confianza y habla de alguien introvertido. Estrechar la mano de manera firme, junto con un contacto visual sostenido, es esencial en las reuniones de negocios. Le da un aura de confianza y le muestra a la otra persona que eres firme en tu objetivo.

Todos estos errores pueden variar de acuerdo a cada entrevistador, quien está buscando a la persona que pueda encajar con el personal actual, y que muestre el profesionalismo suficiente para ser capaz de hacer el trabajo.

En un capítulo posterior del libro, explicaremos como abordar dichos problemas, pero por ahora enfoquémonos a ver cómo el lenguaje no verbal impide las relaciones interpersonales, incluso en el aspecto romántico.

¿Por qué ella miró al través tuyo?

Una chica mira a un hombre del otro lado de un salón. ¿Qué es lo que está buscando? Por supuesto que cuando hablamos de la gente, se trata de personas, pero existen cosas comunes que una chica aprecia de ver en un hombre. Es seguro que ella no buscará a alguien que muestre demasiados amaneramientos. Algunos hombres dan la impresión de ir demasiado lejos al mostrar su lado femenino, para ser tomados seriamente en cuenta como pareja. Si bien, es una gran cosa que los hombres sean percibidos desde su lado femenino, lo probable es que si estos rasgos son dominantes, serás rechazado.

Ha habido mucha gente que se ha entrevistado para preguntarles qué es lo que miran en una potencial pareja, y algunas de las cosas que surgen son menos anticipadas y quizás no son temas que puedas tomar en cuenta cuando se trata de la primer impresión. Estas fueron las siguientes:

Honestidad – Después de todo, ¿quién quiere a una pareja tramposa y mentirosa?

Un oído que escucha – ¡Al final del día querrás una persona que sepa escuchar todos tus problemas y los elimine con un beso!

Buen aspecto- La primera impresión es la última y no quieres que tus amigos hagan burla de que tienes una pareja fea, aun cuando aquellos tengan un corazón de oro.

Confianza – ¡Tú no quieres a alguien que tiene siempre la boca cerrada porque no tiene la confianza de hablar contigo!

Nuevamente te enfrentas al lenguaje corporal conductual, que definirá cada una de los citados atributos que las mujeres encuentran peligrosos en un hombre. Pero, ¿cómo puede ella decir, a partir del lenguaje corporal, si éstas características son potenciales cuando lo conoce por primera vez?

El hecho es que el lenguaje corporal es más poderoso e importante de lo que creemos. Estas son señales de que no eres honesto:

Apartas la mirada de la gente cuando te hablan. No mantienes un contacto visual sostenido y muestras una mirada furtiva.
Miras hacia el piso o a tus pies por largos periodos.
Hablas demasiado rápido, a menudo, sin tomar aliento. La teoría detrás de esto es que las mujeres sienten que cuando hablas muy rápido es para que no te entiendan, y entonces, si te descubren diciendo una mentira, te defenderás diciendo que lo habías mencionado antes, pero ellas no pusieron atención.
Te muestras defensivo al usar los brazos como escudo, alejando a los demás de ti. Esta posición de los brazos dice muchísimo sobre ti. Si tienes los brazos cruzados sobre el pecho, indicará que tienes algo que ocultar.

Mencionando otros atributos, existen señas del cuerpo que también ahuyentan. El hombre que no le permite a los demás expresarse en una charla, o cuando insiste en ser el centro de atención, es improbable que sea atento. Su mundo se reduce a su alrededor y; o tú revoloteas a su alrededor, o no habrá lugar para ti en su universo auto sustentable.

Las buenas apariencias no significan que debas encajar en un molde, pero al menos requieres lucir lo mejor que puedas y muestres que eres capaz de hacerte cargo de las cosas que notan las mujeres, como puede ser el cuidado de las uñas, el lustrado del calzado, el cabello pulcro y el rostro afeitado. Aun cuando algunos hombres sacan estilo con la sombra matinal de un rostro sin rasurar; si te dejas devaluar en otros temas, entonces un día sin afeitar no será tan atrayente. Las buenas apariencias no se limitan solo a los atributos con los que Dios y la genética te han bendecido; se trata más de la forma en la que te presentas. Así que, si te apareces con unos vaqueros de cadera caída que muestran tres cuartas partes de tus calzoncillos, una camiseta holgada y una gorra deportiva, ¡lo más probable es que no te devuelvan la llamada!

El lenguaje corporal realmente te puede estancar, pero no solo aplica para los caballeros. El lenguaje corporal de las damas es igual de temible que para sus contrapartes masculinas. Las mujeres que ostentan demasiado pueden ser objeto de burla en una velada, y difícilmente las llevarás a casa a que conozcan a mamá y papá. Por lo tanto, duchas mujeres serán percibidas como temerarias y desestimadas por ello.

Las mujeres que tienen ademanes y gestos masculinos o que tratan de demostrar un punto, tienden a verse menos atractivas y suelen ser conflictivas. Por ejemplo, si una mujer eructa en una cita, 8 de cada 10 hombres se sentirán incómodos. Los hombres tienden a la equidad de género, pero hay ciertas cosas que simplemente no aceptan, ¡incluso si se trata de un fenómeno de la naturaleza!

Existen señales típicas que exhiben a una mujer necesitada, y esto es algo que los hombres evitarán como la plaga, pues saben que tendrán problemas. La mujer urgida tocará al hombre todo el tiempo. No se siente completa por sí misma, y por lo tanto, usa al hombre o a sus amigos como una extensión de su persona. Ella no puede cruzar un lugar sin sentirse consciente y suele esconderse entre la multitud antes de permitir que la gente la vea como ella se percibe a sí misma; ella tendrá compinches que acechan en el fondo.

Así, que como puedes ver; el lenguaje corporal tiene un gran impacto en la forma en que te proyectas con la gente, especialmente hacia extraños a los que quieres impresionar. En tales casos, es muy importante para ti que seas especialmente consciente de ello. Esto no significa que estés totalmente atenta de tu persona siempre y no puedas relajarte de repente. Poco a poco; y con práctica, tu subconsciente controlará todas tus reacciones físicas y te prevendrá de mostrar tus facetas negativas.

Capítulo 2 – La clásica prueba del espejo

Esto te ayudará a ver cómo es que la gente te percibe, pero solo si lo abordas con ese enfoque. Si dispones de un espejo de cuerpo completo, este truco será más eficaz.

La prueba del espejo para caballeros

Camina en la habitación y dirígete hacia el espejo y mira objetivamente lo que ves. Disóciate de tu imagen y en vez de ver a la persona que conoces, pretende que está mirando a un extraño al través de la habitación. ¿Cuáles son tus primeras impresiones? Esto será lo que los demás verán. Podrás enlistarlas como áreas de oportunidad.

Ahora párate enfrente del espejo por cinco minutos. Existe un momento en el que solo te paras enfrente, pero solo es una prueba. ¿Qué haces con las manos? ¿Qué gestos te dicen que pareces impaciente? Mira tu rostro. ¿Sigues mirando hacia abajo? ¿Luces aburrido? ¿Qué es lo que haces con tus brazos y manos? ¿Estás desgarbado o te paras erguido? ¿Te la pasas cambiando tu peso de una pierna a otra o te mantienes constantemente de pie en la misma posición?

Si un hombre está hablando en público y coloca sus manos cruzadas sobre su pecho, se verá como si estuviera a la defensiva y no le gustará a la gente. Así que, si tienes ese hábito, necesitas entender que esa es una señal del cuerpo nada amistosa, y requieres deshacerte de ella tan pronto como puedas.

Colocar las manos dentro de los bolsillos puede verse casual, pero quizás demasiado casual para una entrevista o en una situación formal, por lo que también tendrás que evitar esa postura. Si realmente no sabes qué hacer con tus manos, colócalas detrás de las espalda, y apriétalas juntas. Esto evitará que la persona que está frente a ti reciba señales erróneas o cualquier tipo de comportamiento que sea menos atractivo de tu conducta.

Ahora, revisa tus hombros. ¿Están encogidos? Si así fuera, esto muestra una tendencia de ser holgazán. Jálalos hacia atrás, pero no tanto que parezcas un sargento de la armada que está mostrando su autoridad hacia alguien más. Cuando te paras con los hombros derechos, emanas un aura de alguien responsable. La persona que estará frente a ti, te juzgará como alguien que tiene confianza, competente y como una persona que ejecutará sus tareas a cierto precio, pero sin quejas.

Esto pueden parecer cambios sutiles, pero cambian la imagen completa de lo que la gente ve y entonces, la primera impresión que tienen de ti cambiará de inmediato. Estas pequeñas singularidades hacen una gran diferencia. Si no estás seguro, solo párate erguido mientras te miras al espejo. ¡Verás cómo la postura de tu cuerpo cambia y notarás como toda la imagen que proyectas cambia contigo!

Siéntate frente al espejo.

Sentarse frente al espejo te ayudará a ver cómo la gente te aprecia en una situación de entrevista o en cualquier otra situación en la que vayas a estar sentado, como en una cita. ¿Estas tumbado? ¿Te meneas en la silla? Para este ejercicio deberás ajustar tu reloj por cinco minutos, pues esto te da el tiempo suficiente para observar. ¿Estás cruzando las piernas? ¿Cruzas las piernas a nivel de los tobillos o a la altura de tus rodillas? ¿Jugueteas con tus pies? Esto muestra que estás aburrido y poco atento, y es un desperdicio total para una entrevista. Puedes pensar que nadie verá tus pies debajo de un escritorio, pero todo el movimiento de tu cuerpo se nota.

Las piernas cruzadas sobre las rodillas (combinadas con brazos cruzados) son un indicativo de que te quieres retirar de la conversación. Así que, cuando estés frente a un entrevistador o tienes una cita, o incluso te reúnes con un allegado con el que conversas, y éste cruza sus brazos y piernas, debes percibir la indirecta y dejar de hablar; el interlocutor ya no está interesado más en la charla. Análogamente, cuando tú cruzas las piernas, proyectas la impresión de que el diálogo ya se agotó.

La prueba del espejo para las damas

A menudo, las mujeres se visten para una cita o para alguna entrevista. Pueden ponerse zapatos que no les queden cómodos, porque consideran que dicho calzado luce bien. Como se mencionó antes, abre la puerta de la habitación y camina hacia el espejo portando la ropa que usarías para tu entrevista o para tu cita. Si te tiemblan los tobillos, entonces estás usando los zapatos equivocados y darás la impresión de que eres lo suficientemente tonta para pensar que los zapatos son los que harán la diferencia para conseguir el puesto, o al galán. La persona que esté frente a ti, puede interpretarlo mal y sentir su inteligencia insultada, pues él o ella puede asumir que te pusiste unos zapatos elegantes con la intención de adularle y engañarlo a él o a ella.

Ahora, mira la forma en la que caminas. ¿Levantas los pies a cada paso o eres lo suficientemente floja para solo arrastrar los pies al caminar? ¿Muestras primero tu cabeza al aproximarte o tu cuerpo está erguido? Aquellos que se acercan con la cabeza primero tienden a ser juzgados como demasiado entusiastas y quizás demasiado insistentes.

Ahora, inténtalo de nuevo y endereza tu cuerpo. Párate frente al espejo por cinco minutos y aprecia todas tus contracciones nerviosas, observa lo que haces con tus ojos y tus brazos. ¿Tienes problemas para mantenerlos bajo perfecto control en un periodo largo de tiempo? ¿Cruzas los brazos y los descruzas nuevamente, una y otra vez? Es mucho mejor que mantengas tus brazos ya sea a tus costados, o a la espalda, pues hay mucho desperdicio cuando se trata del lenguaje corporal y lo que haces con tus manos. ¡Los brazos cruzados son un reflejo de hostilidad y desinterés, por lo que debes evitar cruzarlos siempre!

El estado que guarde tu esmalte de uñas dice mucho de quién eres. Si tus manos no están cuidadas, significa que no pones atención en atender a tu persona. Es un mal signo; no solo desde el punto de vista de las relaciones interpersonales, sino para el ámbito laboral. ¿Por qué alguien saldría contigo, o te contrataría si eres incapaz de hacerte cargo de ti misma? Aun cuando no te apliques esmalte de uñas, asegúrate que tus uñas están limpias, libres de mugre, y propiamente adecuadamente recortadas. ¡Las uñas astilladas y arbitrariamente crecidas son un absoluto "no – no!"

Si te muestras a menudo mirando hacia abajo, esto es una señal de deshonestidad o aburrimiento. A la persona que está frente a ti, le estás insinuando que tus pies son más más interesantes que la conversación que tienen, o estás escondiendo algo y no puedes mirar a los ojos. Conserva tus ojos atentos y asegúrate de qué estás mirando, más que dejar caer la mirada.

Mantén el mentón en alto, tus hombros

derechos y da la impresión de que estás escuchando con atención a lo que se dice. Esto le da a tu interlocutor un sentido de importancia y te importa lo suficiente para escuchar lo que se dice.

La clásica prueba del espejo solo es para las primeras impresiones y para que puedas eliminar esos latosos hábitos que pudiste haber adquirido en el transcurso de tu vida. Si tiendes a mirar hacia abajo, corrígelo. Si tiendes a mojarte los labios, corrígelo. Lamer los labios tiene una connotación sexual o se interpreta como un gesto de nerviosismo, y cualquiera de ambas conclusiones no son nada buenas cuando estás en una entrevista o en tu primer cita.

Deberás poner toda tu atención a todas las circunstancias en las que te encuentres, ya sea en el ambiente de trabajo o en una relación. Si tienes problemas de autoestima, se notará en tu lenguaje corporal, dando una impresión negativa en la mente del entrevistador, o en la percepción de la otra persona. Por eso es de gran importancia saber que cada pequeño acto puede interpretarse y entonces podremos hacer un alto en dichos comportamientos que impactan en una imagen negativa en las mentes de los entrevistadores o de los que queramos enamorar.

Capítulo 3 – Observación

Quizás no has probado esto, peso es una de las mejores lecciones de lenguaje corporal que puedes tener. Convertirte en un observador te hace dolorosamente consciente de los errores que se comenten con tu propio lenguaje corporal. La gente que observa se ha convertido en un deporte nacional, pero por una buena razón. Los ejemplos de lenguaje corporal que las personas ven todos los días afectan su percepción y alteran la manera en que piensan. Por lo tanto, para este ejercicio, escoge un lugar en donde haya mucha gente reunida, pues irás a observar.

Antes de ir, apunta estos defectos del lenguaje corporal que la gente muestra, pues la observación te presentará a todos en acción y verás de primera mano el cómo le afecta a la gente la percepción de otros, Estos son:

- Mirar hacia abajo
- Moverse nerviosamente

- Jugar con las manos
- Movimiento de pies
- Cruzado de brazos
- Gestos con las manos exagerados
- Movimiento de los ojos
- Postura corporal que indica "aléjate"
- Necesidad evidente
- Mirando al reloj (mostrando aburrimiento o impaciencia)

La razón por la que estarás copiando estos ejemplos en una libreta es que sabrás lo que estás buscando y marcarás cada una cuando se manifieste, lo hayas entendido y observado. La observación de estos comportamientos en otras personas realmente te ayudará a entender la naturaleza de las acciones y como se perciben. Es la mejor manera de eliminar de raíz los malos hábitos y claramente te mostrará en tiempo real qué hábitos inciden en una situación social.

Un café bullicioso normalmente te mostrará todos los diferentes defectos del lenguaje corporal y suele ser entretenido notarlo, pues, desde este ángulo serás capaz de entender lo que las señales significan y podrás ser más consciente de la manera con la que te expresas con tu cuerpo, cuando estés en una situación similar.

Otro gran lugar para observar una gama de rasgos del comportamiento por medio de la observación del lenguaje corporal es en el parque. Aquí podrás ver a niños y adultos por igual y entender cómo trabaja la mente humana, incluso a temprana edad.

Puedes observar a los padres sentarse por ahí, cuidando a sus hijos mientras juegan, y estudiar su lenguaje corporal para calibrar lo que están sintiendo. Si un padre está mirando continuamente su reloj, podrás apreciar si están impacientes y no pueden esperar marcharse. Si un padre está recargado en una banca, con sus brazos y piernas abiertos, podrías concluir que están en una postura relajada y probablemente estén disfrutando la situación en la que su hijo se encuentra y probablemente el nene es un niño mayor, que no requiere una supervisión tan constante. Si un padre se muestra en la orilla de la banca y se mantiene vigilante, podrás notar que está nervioso y listo para responder a cualquier estímulo; quizás porque tiene un hijo travieso que frecuentemente le da descalabros.

De manera similar, también es útil observar a los niños.Puedes notar que desde la tierna edad, el subconsciente aprende a proyectar con nuestro cuerpo lo que está en nuestras mentes e incluso se puede entender lo que proyecta otra mente. Fíjate en los niños en el centro del área de juegos y que están parados disfrutándose. Aquellos chiquitos son los líderes de la manada, por lo regular es el niño mayor del grupo y suele ser muy seguro de sí mismo. Ahora mira a los niños que están al margen del área de juegos. Esos no son tan seguros y suelen ser los introvertidos.

Aun cuando las pequeñas esculturas de arena que los niños hacen en el arenero, pueden decir mucho de ellos. ¿Logras ver aquellas cajas de arena pulcras y limpias? Fueron trabajadas por niños que son muy organizados y quieren ser perfectos. ¿Ves esas montañas abultadas? Son por lo regular construidas por los niños más pequeños que no tienen tantas habilidades.

Incluso mirando un programa de televisión se pueden apreciar tales actividades en movimiento, mientras revisas el lenguaje de los actores y actrices que ya saben el guion. Puedes adivinar, por anticipado, quién es deshonesto, qué personajes no son de fiar, qué miembros están ansiosos y qué interpretaciones son demasiado dominantes. Esto puede no decirse con palabras, pero lo notarás de todas maneras, pues aún dentro de la pantalla de televisión, queda claro para los espectadores lo que sucede.

Al observar, también tienes la oportunidad

de ver en acción tus malos hábitos, aun si tú no fuiste el que los manifestó. Busca el comportamiento de aburrimiento, nerviosismo, prepotencia, rabia, estupidez y todos los comportamientos que la gente muestra, incluso sin decir una palabra. Esto se puede ver con claridad simplemente al ver expresado el lenguaje corporal. Este ejercicio te ayudará a reconocer tus propias fallas y para enlistarlas, para que puedas practicar, al eliminar los hábitos que te detienen.

El camino a seguir, cuando tienes problemas para conseguir un trabajo, o con las relaciones interpersonales, radica en entender lo que hace que la gente te rechace. La observación te ayudará a reconocer tus propios errores y te ayudará a reconfigurarte. ¿Te estás enganchando en situaciones de forma impetuosa? ¿Eso no muestra poco profesionalismo? Piensa en el chiquillo que justo hace eso y sus padres ciertamente le persuaden a bajar el ritmo, para que reflexione sus acciones, más que resolvérselas. El auto control está en el eje de la corrección del lenguaje corporal, pero la observación ayuda a ver lo que necesitas poner bajo control.

La observación no se limita a observar a las personas, también se trata de interpretar lo que pueda estar pensando o no la gente, solo con base a lo que ves y percibes. Esto te ayudará a ver qué hábitos dan una señal de las emociones, o qué aspecto en particular del personaje requiere de ajustes, y te ayudará a mejorar a tu persona.

Capítulo 4 – Personas seguras y exitosas

El mundo está lleno de gente que es muy segura de sí misma y sobresale por encima de la competencia. Una de las principales razones de su éxito es porque saben como funiona el lenguaje corporal.

Lenguaje Corporal Negativo

Durante los ejercicios de observación, pudiste notar las cosas que hace mal la gente, o que da una mala apariencia, generando sus primeras impresiones negativas. Ahora, intenta otra visita al café concurrido para hacer una observación de otro tipo. Esta vez, la gente a la que te enfocarás es aquella que lo tiene todo. Tu cabeza girará cuando pasan junto a ti y no puedes evitar, sino mirarles con admiración y asombro. No significa que sean atractivos físicamente y es por eso que logran llamar la atención en público. ¡No! Ellos tienen una personalidad atractiva. La gente que logra llamar la atención es aquella que se conoce a sí misma y está completamente a sus anchas en el mundo en que viven. Ellos no tienen un mal lenguaje corporal, puesto que no tienen nada que esconder y son cien por ciento seguros de sí mismos.

Cuando ves a alguien que se apega a este perfil, lo sabrás, pero también lo notará un entrevistador y un potencial enamorado; así que es ideal que mires el comportamiento de estas personas para conocer lo que ellos están haciendo tan atrayente que les permite tener una ventaja sobre la gente con mal lenguaje corporal. Su lenguaje no verbal exuda confianza y éxito. Ellos nunca utilizan elementos desagradables en su lenguaje corporal, como pueden ser:

Rascarse la nariz en público - ¡Eeeehhh! Si tienes algo adentro de tu nariz, ¿por qué no te disculpas, te vas al sanitario más cercano y aprovechas un pañuelo desechable como un ser humano normal? ¿Por qué tienes que mostrar el contenido de tu nariz y dejarlo a la vista del público?

Rascarse – Sí, es algo normal y todos lo hacemos. Está bien rascarse una o dos veces para aliviar la comezón. ¡Pero rascarse de forma continua, como si tuvieras dermatitis, es realmente desmoralizador!

Tocar el rostro – Muchos de los gestos que van de la mano hacia la cara pegan de gritos, insinuando que estás mintiendo, engañas y eres deshonesto. Una persona exitosa evitará mentir; y aún si lo hace, evitará ser tan descaradamente obvio al respecto.

Bostezar – Al igual que rascarse, aun cuando el bostezo es algo natural y todo el mundo bosteza. Pero hay una diferencia entre un bostezo sutil a una plena boqueada que alardea "mira lo grande que abro mi quijada". Incluso ahí, la casmodia y oscitación son indicativos de aburrimiento, y si estás teniendo una charla con alguien, se tomará como una señal de desinterés en lo que tienen que decir.

Lenguaje Corporal Positivo

La clase de personas que muestran un buen lenguaje corporal será gente confiada que no tiene naturaleza "de plástico". Ellos no sonríen de forma insincera y con exagerada felicidad. De hecho, cuando sonríen, irradian calidez a su alrededor. Observa cómo se logra, pues hay una lista de elementos que ellos incluyen en su muy personal representación, y que necesitas agenciarte como tuyos también.

Estos son simples de describir y para ti es de suma importancia practicarlos hasta que surjan como segunda esencia. Esta gente que demuestra tal nivel de confianza, lo hace tan natural, pero también comenzaron de cero al igual que tú. Habrían tenido que aprender del comportamiento que ahora es parte de su segunda naturaleza. Aquí te mostramos una lista de elementos positivos para el lenguaje corporal que te ayudarán y que verás demostrados durante la sesión de observación. Táchalos de tu lista cuando los veas en acción; pues solo es mediante la observación que entenderás plenamente su significado:

Bajar la velocidad de tus palabras – Un discurso lento y entendible evoca la sensación de confianza en el corazón del receptor y punza de forma subconsciente para creerle al orador, sin crear mucha duda o sospecha sobre éste.

Asentir en acuerdo con la gente – Asentir con la cabeza de arriba abajo se considera con frecuencia como una señal de aprobación o acuerdo. Agitar tu cabeza y asentir mientras hablas, tiende a enviar una señal subconsciente en la mente de las personas que escuchan, persuadiéndolos a concordar. Cuando tu asientes mientras la otra persona está hablando, hará que el orador se sienta bien con tu conformidad y se crea una vínculo de confianza entre el orador y el que escucha.

Sonreír de forma radiante – Se considera a la sonrisa como un gesto positivo y alienta a la otra persona para acercarse y charlar contigo, sin que haya mucha persuasión de tu parte. Las sonrisas sinceras animan a tu interlocutor a que te crea con mayor facilidad y confié en ti sin elaborar demasiadas dudas respecto de tu persona.

Estrechando la mano que es sincera – Como se mencionó anteriormente, un apretón de manos débil, es indicativo de baja autoestima. Así que, inversamente proporcional; un apretón de manos vigoroso es señal de confianza en sí mismo. Cuando una persona tiene seguridad en sí misma, ¡ésta le transmite seguridad a su interlocutor también!

Usar gestos muy modestos – Aprovechar gestos con las manos para ayudarse a confirmar lo que se está diciendo – gestos de manos dramáticos, ¡son un absoluto "no-no"! Estrechar la mano de forma extravagante da una señal de demasiada manutención y la persona opuesta a ti concluirá que eres demasiado sofisticado y realmente no vales tanto tiempo y energía. Inclinarse hacia la gente cuando se habla con ella –Estar inclinado es una señal universal de decir "estoy enganchado contigo y con lo que dices." Es una señal de que estás muy interesado en la otra persona y lo que tiene que decir. Apoyarse o inclinarse en el otro, es tan también sumamente eficaz cuando estás en un grupo y tienes la voluntad de mostrarle a alguien en particular que estás en acuerdo con ella. Cuando te inclinas, la persona a la que le tienes deferencia, subconscientemente te corresponderá con el mismo lenguaje corporal, acercándose y asegurándose que ambos tienen una interacción fluida y fructífera.

Darse a sí mismos el suficiente espacio – El indicador principal de una persona exitosa y segura de sí misma es, que no sienten que sea necesario el estar constantemente rodeados por gente de su primer círculo o no sienten la necesidad de estar haciendo contacto físico o estar acercándose cada vez más a la persona con la que están interactuando. Disponen de su propio espacio vital y desean que no sea infringido; y tampoco permiten que nadie lo transgreda.

Mantener el contacto visual – Mantener el contacto visual con la persona con la que tratan – como se mencionó anteriormente, el contacto visual es clave para conseguir que la gente sienta confianza y seguridad. Cuando mantienes una mirada consistente con tu interlocutor te estás comunicando, y envías un mensaje no verbal diciendo "me siento cómodo con quien soy y no tengo nada que esconder".

Un muy buen ejemplo de este tipo de comportamiento puede ser visto en la televisión cuando llegan visitas de la realeza, pues se les educa a los aristócratas a comportarse en una forma en la que es perfectamente aceptable en países lejanos y diversos. No se trata de arrogancia o superioridad en sus fines últimos. Se trata de una forma sencilla de aceptación del rol que les fue dado, y le confiere respeto a todas las personas que éstos conocen, sin comprometer el respeto que merecen para sí mismos. Es realmente un logro, pero la gente suele creer que tiene un lenguaje corporal superior sin tener el título nobiliario. Tus reflexiones mostrarán eso.

Capítulo 5 - Comportamiento

Antiguamente, la gente solía practicar el comportamiento justo antes de presentarse en sociedad, pero ahora es irrelevante si quieres que tu lenguaje corporal irradie confianza.

Cabeza

En la privacidad de tu hogar, trata de colocar dos libros sobre la coronilla de tu cabeza e intenta cruzar la habitación caminando. Mucha gente que no tiene una buena y confiada expresión corporal se inclinará hacia adelante y tirará los libros. La razón radica en que su cabeza no permanece derecha.

La idea de mantener la cabeza erguida, es que parecerás de mayor estatura; te hace verte más franco, y da una gran impresión de ser confiable. Si mantienes la cabeza demasiado arriba, parecerás arrogante y terminarás de cualquier modo, tirando los libros al piso. Para evitar que los libros se caigan, deberás mantener el equilibrio justo. Si existieran tres candidatos para una entrevista y cada uno de ellos atiende la oficina con estilos distintos, la persona que sea capaz de mantener la cabeza erguida, será apreciado más positivamente que los otros dos que se encorvan o resultan presumidos al tener la cabeza demasiado en alto. Por lo tanto, los libros son una forma ideal para mantener el equilibrio.

Hombros

Los hombros deberán estar siempre derechos. Los hombros encogidos dan la impresión de que eres holgazán o que tienes malos hábitos, o simplemente no te interesa el propósito de estar en determinado sitio. Es muy buen ejercicio el que puedas zafarte de esos hombros encorvados, pero debes hacerlo diario.

Recuéstate sobre tu espalda sobre una alfombra cómoda, sin darle a tu cabeza ninguna clase de apoyo adicional. La parte posterior de tu cabeza deberá estar tocando la alfombra de forma plana sin que exista nade entre el tapete y tu cabeza. Sostén tus brazos hacia arriba en forma de línea recta, sin doblarlos de los codos, y mantenlos ahí. Ahora toma aire por la nariz, y exhala por la boca; el ejercicio implica que jales el pecho hacia adentro con ayuda del área abdominal y sin usar los hombros, al momento de sacar el aire.

Este es un ejercicio que se usa para el tratamiento correctivo de la columna vertebral, cuando ésta sufre lesiones por los malos hábitos por culpa de una mala postura. Si tú lo haces de forma diaria, verás que ocurre una mejoray los hombros se levantarán, hasta que ya no tengas que asegurarte si sigues con la postura encorvada. Esto hará que te pares más erguido, luzcas más alto y más confiado.

Movimiento de las manos

Un ejercicio útil para estudiar el comportamiento de las manos es el caminar por un cuarto con dirección al espejo. Toma nota lo que están haciendo las manos. Estas deberán estar colocadas firmemente a tus costados, deberán estar listas para estrecharse si se necesita y no deberán estar ocupadas con nada mientras estás hablando o caminando. De ese modo, cruza la habitación, imita el apretón de manos y siéntate, colocando las manos en el regazo con naturalidad y no mandes señales equivocadas.

Cuando camines, si tienes algo que decir y requieres enfatizar un poco más, aprovecha tus manos, y luego devuélvelas al regazo. Practica frente al espejo y recuerda que cualquier movimiento exagerado de movimientos de manos, pueden hacerte lucir como alguien superior; cosa que es lo último que deseas cuando acudes a una entrevista o durante una cita. La gente que pretende sentirse por encima de los demás, suelen boicotearse, pues hacen que la gente se aparte, especialmente los entrevistadores, o las personas que salen contigo en una cita. Siempre será mejor para ganar el día, tener cierta dosis de humanidad.

No se puede enfatizar lo suficiente, que no debes cruzar tus brazos si es que deseas dejar una impresión positiva y duradera en la otra persona. En el momento en el que cruces tus brazos sobre el pecho, será una batalla perdida, pues tu interlocutor pensará que perdiste el interés y se perderá y se perderá la participación en un chasquido. Así que, si quieres dar una buena impresión, deja que tus manos se queden justamente sobre tu regazo. Pero, si deseas abandonar la conversación o indicar que la charla ha terminado, cruza tus brazos sobre el pecho y espera a que tu interlocutor se dé cuenta que tuviste suficiente.

Movimiento de piernas y pies

Tus piernas deberán moverse de formasuave, entonces no uses calzado que no te permita un movimiento cómodo y sin problemas. Cuando estés quieto, tus piernas deberán estar ligeramente separadas. Esta acción te permite lograr un soporte más sólido y las mujeres deberán también esta postura, aunque menos exagerado. Esto te permite tener mejor espacio y más equilibrio, y eso es algo bueno, No te pares con los pies juntos como si fueras comandado por un entrenado sargento para atender la posición de "¡atención!"

Evita usar calzado incómodo, pues demuestra falta de previsión que puede recibir desaprobación y risas en cuanto cruces el umbral de la puerta de la entrevista o para una posible situación sentimental. Siempre recuerda que es mejor usar un par de zapatos promedio que sean cómodos, que traer un calzado divino que te haga sentir que cado paso que das, trae una cubeta de escorpiones picándote.

Cuando te sientes, las mujeres deberán dar un sesgo en la parte inferior de sus piernas, en vez de cruzarlas. Sus rodillas deberán cruzarse para que no queden abiertas, exponiendo sus partes privadas cuando van vistiendo prendas sueltas que fluyen.

Se le aconseja a los hombres que se sienten con los pies ligeramente separados. Esto es una señal de una actitud abierta y positiva hacia la conversación. Los caballeros deberán evitar cruzar sus piernas, pues es una señal de una actitud cerrada y siembra la semilla de negatividad en la mente de individuo que está frente, como interlocutor.

Los pies deberán quedar quietos cuando estás sentado. Los gestos que se detectan de inmediato son el golpeteo de los pies, que delatan impaciencia; y jugar con tus pies, muestra que no estás atento. Así, que asegúrate que los pies están plantados firmemente en el piso mientras estés sentado y no estés meneando los pies demasiado.

Capítulo 6 – La forma en que te vistes

Tu lenguaje corporal también es valorado de la forma en que te vistas. Aún cuando la ropa es intercambiable y puedas lucir increíble para una fiesta, mientras que en el trabajo, suele uno ataviarse con más sobriedad; ambos casos, tanto como en un tema social, como en situaciones de trabajo, importa mucho qué es lo que te pones. Las cosas que notarán los jefes potenciales o por amigos en potencia, o enamorados son esas pequeñas cosas:

Calzado sucio o inapropiado

Si te pones zapatos sucios, esto muestra que le dedicastemuy poco tiempo o esmero para arreglarte y presentarte. Esta flojera puede contagiarse en otras formas y puede ser suficiente para que tu futuro patrón pase por alto el tomarte en cuenta. Las chicas, al igual que los hombres bien presentados son juzgadas primero por sus zapatos. Si un caballero ni siquiera se molesta en invertir unos minutos en lustrar sus zapatos y hacerlos ver presentables, ¿Cómo se les puede confiar que serán capaces de cuidar de la dama?

De forma similar, los hombres se dan cuenta del calzado sucio en una mujer, como señal de holgazanería y quizás no deseen llevarse a la chica a casa, o llevar las cosas en serio con ella; después de todo, si ella no puede cuidarse a sí misma; entonces tampoco podrá cuidar una relación. Incluso puede ser un indicador de falta de autoestima. Si no te importa que tus zapatos se ven sucios, ¿crees que sea probable que te importe tu persona?

El calzado inapropiado puede variar, desde vestir zapatos deportivos con un traje de vestir, o traer zapatos de tacón con vestimenta casual, o atreverte a ponerte algo de moda pirata con calcetas y sandalias. Es algo que muestra falta de gusto, y mucha gente no es seducida por aquellos aficionados por este sentido de la moda. Las mujeres siempre preferirán a los hombres que saben como vestir bien y lucen presentables para si mismos. Después de todo, las mujeres se toman mucho tiempo para arreglarse; pues encontrarán el tiempo para enseñarle a sus medias naranjas el como vestir, qué ponerse y como cobinar su apariencia.

De forma similar, las chicas que pretenden impresionar, suelen apelar al uso de los tacones altos, a pesar de que no puedan caminar correctamente en ellos. Esto da una pésima impresión, tanto en las relaciones personales como dentro de un ambiente de trabajo. Es mejor aceptar quien eres y parecerlo, que tratar de impresionar a la gente con el peligro de fracturarte un tobillo. Sí, la gente puede quedar impresionada con tu habilidad de poder caminar con tacones altos de aguja, pero realmente se reirán a carcajadas si te resbalas, o te desplomas al tratar de caminar con ellos. Así que, ¿qué prefieres? ¿no impresionar a la gente al carecer de un par de zapatillas de tacón alto, o ser el asmerreir del lugar mientras tratas de domar unos tacones imposiblemente altos?

Vías adicionales

Podrás tener el major curriculum del planeta, pero si tienes en la ropa líneas y abultamientos que se ven fuera de lugar, los entrevistadores podrán predisponerse para aceptar más a las personas que se dejan escuchar y dejarán de tomarte en serio. A menudo, la gente que es de talla grande, trata de esconderse detrás de las prendas que son demasiado pequeñas para ellos.

Para hacer eso, la gente forma bultos y líneas cerca de la línea del busto, en el perímetro de la cintura y también sobre el trasero. Si quieres que se te tome en serio, deshazte de este pésimo lenguaje corporal, pues se interpone en el camino de tu éxito. Un hombre que trae unos pantalones entallados, mostrará partes de su cuerpo, que quizás deban guardarse para sí mismos, y para una entrevista, quizás sea mejor optar por una imagen más clásica.

Si eres consciente de lo que estás vistiendo, esto se notará en tu lenguaje corporal. Por ejemplo, una chica que necesita mantener en su sitio su sostén de tubo, para asegurarse que sus pechos permanecen ocultos de las miradas, llamará más la atención por sus actos que una dama que llegue con una blusa que le favorezca, y que no necesita tanta atención, y destacará por su adecuada currículo y excelentes habilidades sociales. Un caballero que se muestra inquieto en su silla, pues su cinturón le aprieta tanto que hubiera sido mejor traer pantalones que le queden más cómodos.

El lenguaje corporal influye tanto por lo que vistes, y si llamas la atención por las razones equivocadas, pronto te darás cuenta que has fallado de manera estrepitosa en el departamento de lenguaje corporal.

Auto examen y sensibilización

Una vez me paré frente a 200 personas en una boda. Lo que la gente quería era que yo cantara una canción. Todo el mundo estaba tomando turnos y parecía correcto que venía mi oportunidad. Al prepararme en el baño de damas, me esmeré en que mi cabello estuviera peinado y mi maquillaje luciera impecable. Lo que falló es que no cuidé la apariencia completa. Al cantar el primer estribillo, el público rugió en carcajadas y a pesar de que pensé que mi voz no debía ser tan mala, continué con la mejor actitud, pues estaba con amigos.

Al mirar el video, una semana después; lo que sucedió, es que, al acudir al tocador, sin darme cuenta, remetí mi falda dentro de mis bragas; y el público pudo ver lo que pude haber escondido.

El punto de mencionar esto es que la gente toma nota de nuestra presentación general y a menudo nos hace perder el potencial de una relación o de obtener un gran empleo.

Antes de ir a una entrevista, hazte consciente de como luces frente a los demás. Pruébate todo el conjunto y párate frente a un espejo de cuerpo entero. Hazte las siguientes preguntas:

- ¿El conjunto es suficientemente formal para la ocasión?
- ¿Luzco poco, o demasiado formal?
- ¿Estoy expresando un lenguaje corporal?
- ¿Mi atuendo luce poco consistente?
- ¿Esto destaca alguna parte del cuerpo que no debería llamar la atención?
- ¿Cada parte del conjunto está sostenido adecuadamente?

Es de vital importancia tener la apariencia adecuada para cada ocasión. Para acudir a una entrevista en una empresa, significa que respetas a los entrevistadores. El lenguaje corporal de alguien que se presenta luciendo inadecuado y desaliñado, manda un mensaje que existe una falta de respeto. Evocará una sensación de resentimiento en el corazón del entrevistador y el o ella pensará que no los respetas adecuadamente y terminarán formando una idea negativa de tu persona, incluso antes de que emitas una palabra.

De manera similar, aquellos que salen en su primera cita, deberán mostrar respeto por la pareja en potencia. Una chica que trae una falda que no deje nada a la imaginación, y con una prenda escotada que muestre todo, realmente está mandando un mensaje corporal que sugiere cascos ligeros. Quizás resulte que es un buen conjunto una vez que el chico la conoce, pero ¿para la primera cita?

Los hombres que se visten como si fueran a su próxima batalla de rap, ostentando la mitad de su ropa interior y luciendo joyas ostentosas en una cita, serán rechazados de inmediato por las mujeres. ¡Ninguna mujer quiere salir con un imitador de rap *gangsta*! Las mujeres aprecian a los hombres que están bien vestidos y presentables. No necesitan adornar un traje de tres piezas; ¡bastarían unos vaqueros cómodos y una playera, mientras luzca presentable!

Vestir exageradamente también es mal visto; aunque no es tan malo como estar demasiado casual. Suelen haber explicaciones que se pueden hacer en las que una cita, o incluso un futuro patrón entenderán, siempre que no les mostremos una pretensión arrogante.

Por ejemplo; aparecer con un traje de tres piezas en un restaurante familiar, puede hacer que tu pretendiente se ponga nerviosa; pero si le explicas que estabas llegando tarde por culpa de una reunión de trabajo que se alargó más de lo esperado, y no tuviste tiempo de cambiarte, entonces la persona lo entenderá.

Primero aprueba tu primera inspección propia.

Mírate al Espejo y observa cada uno de los detalles de tu ropa. Gírate y mira la espalda del conjunto. Asegúrate que tus zapatos combinan con la ropa. No se trata de combinar los colores; más bien se trata de dar la impresión adecuada a la persona con la que te reunirás, de que al menos tienes buen gusto para vestir.

Ya que te pusiste tu atuendo frente al espejo, intenta los ejercicios que se dieron en el capítulo 2, pero en esta ocasión, vestido con la ropa que pretendes llevar. La prueba, estando de pie y sentado te mostrarán cualquier debilidad de tu lenguaje corporal. Por ejemplo, si después de dos minutos de estar sentado, te estás fajando la ropa a la altura de la cintura, pues la tienes demasiado apretada, entonces no es la mejor opción que debas ponerte para una situación en la que debas estar sentado por un periodo largo de tiempo. Lo que pasara es que tu lenguaje corporal te va a traicionar por las razones equivocadas. Tus movimientos espasmódicos no serán porque estás nervioso, pero le darás esa impresión a la gente con la que te reúnas, y esas realmente son malas noticias, especialmente en las entrevistas de trabajo.

Mientras te acomodas la ropa, ponte también los zapatos. Párate y observa tu apariencia. ¿Duelen los pies después de unos minutos? ¿Tu blusa sucumbe a la gravedad? ¿Existen agujeros extraños en la camisa por los que se pueda mirar al través? ¡Esos pequeños detalles dejan una impresión duradera y es de vital importancia que tomes el mando de ellos!

Niñas, asegúrense de haber ensayado bajo una luz perfecta el cabello y maquillaje, junto con el atuendo para asegurarse de su apariencia general. ¡Ustedes no quieren verse como un pálido fantasma, o un personaje extremadamente bronceado por culpa del maquillaje!

Capítulo 7 – Identificar las señales mientras se tiene una cita

En los capítulos anteriores hablamos de como presentarse ante los demás frente a empleadores potenciales y citas románticas. Pero ahora, hablemos como captar dichas señales y lo que el lenguaje corporal nos está gritando.

Leer el lenguaje corporal individual, al principio puede ser ligeramente retador, pero una vez que comienzas a observar a las personas, el arte de leer el lenguaje corporal de la gente será algo cotidiano y natural.

Los ejercicios de observación que se te ha explicado en los capítulos previos de este libro te dispondrán para observar prácticamente sin esfuerzo.

Pero, ¿por qué es tan importante saber leer el lenguaje corporal?

En estos días, todo lo que hacemos ha migrado al internet. Compramos en línea, ordenamos comida, e ¡incluso conocemos parejas potenciales por medio de la red! Pero, se ha convertido en algo extremadamente difícil el elegir a la gente sincera de entre los patanes que están allá afuera. Muchas veces, una persona puede hablar sumamente suave y percibirse genuina cuando se le conoce en línea, pero su personaje provoca una vuelta de 180 grados absoluta cuando los conoces en persona y comienzas a tratarlos.

Cada vez es más importante apreciar el carácter de la persona desde la primera cita y alejarte de la gente tóxica antes de que sufras un daño importante: ¡física, financiera y emocionalmente!

Por ejemplo; no querrás estar con un tipo

dependiente, que después de una cita, éste asuma que ya están saliendo, y este se convierte en un acosador innecesario, alejando a posibles pretendientes. O quedar atrapado con una chica pegajosa, pues ya que ustedes pasaron una noche juntos, ¡te diriges a Las Vegas para una boda breve!

Herramientas para leer a la otra persona de forma eficaz.

Si lo que quieres es convertirte en un detector de mentiras y leer al través de la gente, tendrás que entender a la persona que tienes enfrente y concluir lo que vale como un comportamiento normal para ellos. Será entonces que entenderás qué comportamiento es el que está fuera de lugar para ellos, y qué comportamiento deberá enviar señales de alarma.

Por ejemplo, quizás pienses que arrastrar los pies puede ser un signo de desinterés, pero tu acompañante quizás tenga un ¡trastorno de atención o de hiperactividad, pues no son capaces de sentarse quietos por largos periodos de tiempo!

Para entender un comportamiento normal, o entender lo que se conoce como la "línea base", puede ser difícil, ¡especialmente en la primera cita! Pero aquí tenemos un truco sencillo que puedes usar. Para entender el comportamiento normal de la gente, es necesario que la otra persona esté relajada y respire normalmente.

Le forma más sencilla de lograrlo es que hagas que la persona esté sumamente cómoda en tu presencia. Puedes conseguirlo al hacerles preguntas sencillas, que no implican ningún compromiso en su relación. Dichas preguntas que le puedes hacer son las siguientes:

¿Cuál era el trabajo de tus sueños cuando eras niño?
¿Hay algo que te apasione mucho?
¿Gatos o perros?
¿Cuál es tu libro/autor favorito?

Dichas preguntas harán que lenta y

consistentemente la persona que esté en tu presencia se sienta más relajada, haciendo más fácil tu lectura de ellas. Pero, ten en cuenta que esto no es un fuego veloz. No les sigas haciendo preguntas, pues quizás logres el efecto contrario en ellos. Formula una pregunta, genera una discusión para que surja una broma. Por ejemplo, si él siempre quiso ser un superhéroe, dile en broma: "bueno, siempre podrás salvarme". O si ella dice que prefiere a los gatos; inocentemente, ¡pregúntale si ella no es una amante loca por los gatos!

Ya que logras que se relajen en tu presencia, el cambio se hará notorio. Mantén la charla fluyendo y toma nota de los cambios en su postura corporal, de acuerdo a las preguntas que formulas y los temas que ambos dialogan.

Por ejemplo: ¿Su mirada no hace contacto con la tuya mientras hablan sobre su trabajo de telemercadeo? ¿El chico se mostró demasiado interesado en el agitador de su vaso cuando le preguntaste de su relación anterior? ¡Estas señalas son un indicio de falta de honestidad y quizás te estén escondiendo algo!

Lo siguiente que debes tener en cuenta es que no existe tal cosa como "una talla para todos" o "unitalla". Cada tipo de cuerpo tiene un requerimiento diferente, y asimismo, cada persona es diferente. Cada individuo tiene una mente única y cada persona reacciona distinto a cada situación con la que se enfrenta cara a cara. La persona puede tener una respuesta particular a un estímulo concreto, que puede ser completamente opuesto al tuyo. Por ejemplo; tu respiración puede ser larga y profunda cuando estás nervioso, mientras que alguien más puede estar respirando así de forma cotidiana. Así que, tú puedes interpretarlo como señal de nerviosismo, y para ellos puede no ser nada.

Así que deberás tenerlo en cuenta cuando interpretas el lenguaje corporal de una persona. Los pequeños gestos pueden gritar cantidad, y darte una percepción de alguien y lo que están pensando de ti, así que es importante que aprendas lo que significa cada gesto y como deberías reaccionar a él.

Cómo descifrar a los hombres

Descifrar es especialmente difícil y frustrante de lidiar. Un sencillo gruñido puede mostrar una afirmación, una negación e incluso un "quizás". El lenguaje corporal puede volverte loco y hacer que te jales los cabellos por tanta frustración.

Las mujeres encuentran difícil entender al genero masculino a la pregunta "¿le gustaré a él?" y es la pregunta que más se dice, murmura, susurra y grita entre las damas.

Las chicas tienen un lenguaje corporal completamente diferente al compararse con los hombres, pero esta es la razón por la que ambos géneros encuentran difícil leerse entre sí. Pero con ayuda de la ardua investigación que me respalda, puedo asegurarte que el leer a los hombres no es tan difícil como se pensaría; ¡identificando qué signos ver y qué significan dichas señales!

A continuación, se muestra una lista de algunas acciones que los hombres siempre hacen, sus interpretaciones y los pasos que deberás tomar cuando se presente una situación en particular:

Tocando el cabello

Seamos honestos; ¡los hombres aman su cabello tanto como las chicas! Una vez que peinan su cabello, ellos odian cuando alguien toca su cabellera, incluso de broma. Así que, si un hombre toca constantemente su cabello, corre su mano al través de sus mechones, le sopla, lo aplana, o lo aumenta con una sonrisa en su rostro, eso será un indicador de que le gustas.

El que mueva constantemente su mano entre el cabello, puede ser un indicio de que está nervioso, pero en un modo positivo. Muestra que está intrigado por tu presencia y desea impresionarte, y se está poniendo nervioso.

Qué deberías hacer: ¡Si tienes interés, responde flirteando con él, y demuestra que también te interesa el muchacho!

Pero, si el caballero con el que estás, se comporta de forma agresiva con su cabello, estás en problemas.

El comportamiento agresivo se puede categorizar cuando se rasca de manera constante la cabeza, dándole tirones agresivos a su cabello, y frunciendo el ceño cuando se toca la cabeza. Dichas acciones son un indicio que, o está frustrado, o aburrido o incluso confundido.

Qué deberías hacer: Así que, si él comienza a mostrar dicha agresividad; puedes terminar la charla, o cambiar el tema tan pronto como puedas, ¡o de otro modo lo perderás!

Humedecer los labios:

Mojar los labios con la lengua se considera como la señal universal de "tengo hambre". Si él humedece los labios cuando te mira, éste está tratando de darte un mensaje sutil de que te encuentra "deleitable" y no quiere esperar a "comerte".

Qué deberías hacer: Si lo encuentras igual de atractivo, ya sabes qué hacer. *guiño guiño*.

Humedecer los labios puede ser también considerado una señal de nerviosismo. Hablando con criterio científico, cuando una persona se pone nervioso, la boca se queda seca. Como resultado de esto, la gente se la pasa mojándose los labios para mantenerlos humectados y previniendo que se sequen.

Qué deberías hacer: Trata de suavizar su nerviosismo al hacer que se sienta más cómodo. Trata de sacar algún tema de manera espontánea o comenta algo con lo que él se sienta cómodo. ¡Esto reducirá su angustia y se sentirá mejor!

La posición de la parte superior del cuerpo

Mira cómo ha colocado su cuerpo. Si toda la parte superior de su cuerpo (hombres, cabeza y pecho) están de frente tuyo, es señal de que está interesado en ti. Es su intento por hacerte saber que tiene toda tu atención y desea colmarte en atenciones pues éste tiene interés en tí.

Otra razón por la que él se comporta así es porque está mostrándole a todo el mundo de que él (o tú) no está disponible para charlar con nadie más y no se dejará interrumpir por nadie.

Qué deberías hacer:¡Disfruta la atención!

Otra razón (aunque menos probable) para que mantenga su cuerpo erguido y hacia ti, puede ser el hecho de que pudiera estar dándole la espalda a alguien que no desea ver. ¡Mhmm, sospechoso!

Qué deberías hacer:Muévete de manera sutil, para que lentamente su espalda quede donde estaba su frente. ¡Si el muchacho no entra en pánico con la posibilidad, entonces estás bien para huir!
Mantener el contacto de miradas

Seguro has visto a niños lograr captar la atención entre una cosa a otra, en un corto periodo de tiempo. Rápidamente pierden interés de algo y no les toma mucho tiempo en que empiecen a tener interés en otra cosa. ¡Todos los hombres son iguales y tienen la capacidad de concentración igual al de una mosca! A menudo, cuando hablan contigo estarán atentos a todo su entorno, volteando a ver a un punto de la televisión o al cantinero que hace acrobacias en la barra. Algunas veces los hombres enuncian medias frases, ¡sin importarles si terminaron la oración!

Así que, si el hombre con el que sales no deja de mirarte y mantiene contacto visual por más de 5 segundos contigo, entonces tienes su completa atención y él está tratando de demostrártelo. Está tratando de reflejarte que te está prestando atención y escucha cada palabra que dices y no está fuera de lugar. También te demuestra que te está observando y hace un esfuerzo de leer tu lenguaje corporal para saber si le gustas o no.

¡El también puede encontrar tus ojos extraordinariamente bellos y quizás por eso es que no puede dejar de mirarlos!

Qué deberías hacer:¡Vuelve a mirar sus ojos y sigue hablándole mientras sigues disfrutando la atención que te está teniendo!

El empujón de la cadera:

Los seres humanos, o el Homo Sapiens, como lo conocemos científicamente, están clasificados como mamíferos. ¿Por qué el ejemplo científico? Para probar que incluso los animales y algunas veces su instinto primitivo, toma el control, cuando se trata de flirteo.

Cuando un hombre está particularmente interesado en una mujer, se colocará con sus pies separados y con el área pélvica orientada a la mujer que le gusta. Es muy importante recordar que esto lo hace sin intención y tampoco con alguna razón distorsionada. ¡Es solo una respuesta natural del cuerpo hacia una mujer que le gusta!

Qué deberías hacer:Para los principiantes:¡que no te intimiden ni te espantes! Si él te interesa, no importará. ¡Pero si no te atrae, házselo saber!

Movimientos de las manos y gestos:

Los ademanes con las manos nos dicen mucho en el plano subconsciente, sobre lo que está pensando una persona, sin que realmente diga nada. Cuando un hombre está interesado en ti, sus acciones están llenas de vida y animadas. El permanecerá moviendo sus manos cerca mientras habla contigo.

Cuando los hombres mueven sus manos, desean asegurarse que la mujer que les interesa entiende lo que están expresando y para que la dama no se confunda o malinterprete ninguna de sus palabras.

Otra razón por la que los hombres son tan dinámicos al hablar es porque desean que la mujer les preste una férrea y constante atención, y no se distraiga por otro hombre o por nada que esté en segundo plano.

Qué deberías hacer:Los gestos de las manos no se limitan a él. Si estás disfrutando la charla o estás interesada, ¡correspóndele con ademanes similares para mostrarle tu interés!

Nota: La mayoría de los hombres expresan con vehemencia sus ademanes; muchos chicos prefieren que el movimiento de sus manos surja de forma más gentil, siendo menos extravagantes de lo que se esperaría que fueran. ¡Así que mantente alerta de esos pequeños detalles!

¿Dónde están sus manos?

¿No está seguro de lo que siente por ti? Vigila el lugar donde él pone sus manos y en qué posición. Cuando un hombre se siente atraído por una mujer, a menudo asegura sus dedos entre las trabillas de su pantalón o de sus vaqueros. De manera similar, él también estará tocando la pretina de sus vaqueros o pantalones, al momento de estar de pie hablando contigo.

Este es un sutil intento de atraer tu mirada hacia su cintura, y por consecuencia, de su área pélvica. ¿Quieres adivinar por qué? Al empujar la pelvis, esta acción la hace totalmente de manera inconsciente, así que no te sientas molesta por este gesto, pensando que se trata de un pervertido.

Qué deberías hacer:Si estás interesada en él, baja tu mirada hacia su área pélvica y dale un vistazo por unos segundos antes de mirar a sus ojos. Esto le dará una sutil indirecta de que estás interesada y quisieras llevar las cosas a algo más. Si no estuvieras lista para dar ese paso, o sientes que es muy pronto, ¡haz que tome asiento para que el caballero deje de enviarte tales mensajes subliminales!

¿Cómo es que él se inclina?

Inclinarse no basta, es tan importante el ángulo en el que se inclina para que determines qué es lo que él quiere y cómo se siente contigo. Los hombres son extremadamente quisquillosos y rara vez se inclinarán hacia nadie mientras charlan, especialmente si se encuentran en un grupo. Esto también es relevante cuando particularmente hay una persona que no les guste o simplemente no tienen interés en ella.

Así que cuando un hombre se incline hacia ti mientras charla contigo, o mientras te escucha cuando hablas, puedes estar segura que siente una atracción hacia ti. El hecho de inclinarse, mientras está de frente tuyo, es sin duda un tiro claro de que el caballero desea estar más cerca de ti, y tratará, de forma subconsciente de estar lo más cerca posible. Pero también, éste desea asegurarse de no crear una situación incómoda o que sus coqueteos provoquen alarma.

Qué deberías hacer:Si sientes lo mismo por él, inclínate sutilmente hacia él, sin que haya ningún movimiento brusco o repentino, y mantén la charla como si nada hubiera pasado.

¿Le gusta tocarte de manera constante?

¿Él roza tenazmente sus dedos con los tuyos, o acaricia tu brazo lentamente con sus dedos? ¿Su pierna frota la tuya constantemente? ¿Duda antes de poner su brazo alrededor tuyo para jalarte hacia él? ¿Se muestra a gusto moviéndote tus mechones sueltos detrás de tu oreja, lejos de tu rostro y despegándolos de tu brillo de labios?

Si él no puede dejar sus piernas y brazos lejos de ti, es un claro indicio de que realmente se siente atraído por ti. El hecho de que no pueda gobernarse es una prueba de que no puede aguantar la idea de que ambos estén separados. ¡Otra razón de que él se quede tocándote es porque desea asegurarse a sí mismo de que realmente estás con él y que no se trata de un sueño!

Qué deberías hacer:Si él te gusta, a sus pequeños afectos con amabilidad. Tócalo recurrentemente, y asegúrale que sus sentimientos son recíprocos.
¿La caballerosidad ha muerto realmente?

Hoy en día, es muy difícil encontrar un mozo caballero y valiente, ¡así que presta atención a sus actos! ¿Se toma la molestia de rodear el auto para abrir tu portezuela y ayudarte a salir sin que des un espectáculo público de tu ropa interior? ¿Te toma de la mano y te guía cuando tratas de subir o descender por las escaleras cuando traes tus inseguros tacones? ¿Su abrigo o capucha te contuvieron cuando frotabas tus manos sobre tus brazos cuando tu aliento se empañaba por el frío?

Si él hizo algunas de tales cosas contigo, ¡préndete de él y asegúrate que nadie más le ponga los ojos encima, porque es seguro que le gustas!

Los hombres siempre tratan de hacerse cargo y proteger a la persona que les agrada. Pero también, a los hombres les importa un bledo la gente que no les agrada; ¡así que si él te cuida, ten seguro que le gustas!

Cuando a un hombre le gusta una mujer, éste tratará de asegurarse de que ella esté cómoda y en manos seguras, ¡aún si esto implica que necesiten salirse de su rutina para hacerlo!

Qué deberías hacer:¡Correspóndele! Agradécele por tantas molestias que se toma para ti y sorpréndelo con pequeños detalles, como puede ser su comida favorita, o un apreciado regalo; o incluso tiempo de calidad sexy y "pispireto".
La necesidad de ser aceptado y apreciado

Si observas a los hombres de manera general, verás a menudo que cuando éstos dicen o hacen algo que desean que se note, con frecuencia sellan con una furtiva mirada a la persona que aprecian, con la intención de saber si fueron aprobados con lo que dijeron o hicieron.

Esto es porque ellos desean y necesitan estudiar tus reacciones y esbozar una conclusión de ello. ¿Te reíste por la broma que dijo? ¿O sentiste que la broma no fue graciosa y ni siquiera esbozaste una sonrisa? ¿Piensas que lo que hizo es ejemplar? ¿O ni siquiera prestaste atención a la proeza qué hizo?

Esto es una señal de que él quiere saber tu opinión; por supuesto, él siente que tu opinión es un aspecto importante de su vida, y por supuesto, ¡quiere que lo aprecies y tomes nota de algo que él siente y es muy importante y de valor para él!

Qué deberías hacer:Si tú realmente aprecias o apruebas lo que él ha dicho o hecho, ¡házselo saber! ¿Te gustó su broma? ¡Ríete de corazón! ¿Aprobaste lo que hizo? ¡Apláudelo! ¡Se sentirá valorado!

Cómo se viste él y la atención a cada pequeño detalle:

Mientras ingresas al restaurante, ¿te diste cuenta cuando se peinaba aprovechando el reflejo de su teléfono celular, antes de reunirse contigo? ¿Te diste cuenta que él trató de esconder las arrugas de su ropa antes de que él notara que te acercabas? ¿Su apariencia exterior está siempre inmaculada y él se esmera siempre para vestirse de acuerdo a la ocasión, sin quedar engolado o de plano fachoso?

Él hace esto en un intento para atraerte y seducirte, asegurando que siempre estará bien vestido y luce perfecto en el conjunto que viste. Esto es porque él desea hacerte saber lo mucho que significas para él y los pasos que está dispuesto a dar para impresionarte y demostrar lo mucho que le gustas.

Qué deberías hacer:No te agobies por tanta atención a los pequeños detalles. ¡Mejor, muéstrale que también te importa, pues te vistes lindo y te interesa impresionarlo cuando atiendes los detalles!

Mostrando tu postura corporal
¿Le dio una mordida a su hogaza de pan cuando tú mordías el tuyo? ¿Le dio un trago a su vaso de agua cuando tú bebías también? ¿Inclinó su cabeza en la palma de su mano igual que como tú lo hiciste? ¿Se la pasó jugando con los cubiertos de la

mesa cuando acomodabas los tuyos?

Esto se conoce como el fenómeno de "replicar las posturas corporales". El imita todo lo que haces con la intención de demostrarte que tiene toda tu atención a cada cosita que haces. También se comporta de esa manera para hacerte sentir cómoda en su presencia creando un sentido de familiaridad y apego entre ustedes dos, precipitando el proceso de

Qué deberías hacer:Si él te gusta, ¡aliéntalo a seguir con la charla y ahora imítale si hace algo que tú no hiciste!

La completa categoría del cuerpo

A los hombres a menudo les gusta lucir al máximo frente a alguien por quien están interesados y desean impresionar. Así, que si notas que él se para más erguido de lo que acostumbra, metiendo su estómago para aparecer más delgado, y haciendo cosas para lucir aun más atractivo hacia ti, ten seguro que le gustas. Otra cosa para tomar en cuenta también, es que cuando su actitud migra de lo casual a lo protector cuando está contigo. El talante protector, como se mencionó anteriormente, es una señal de interés en los hombres, y normalmente no se muestran protectores con la gente por la que no tienen afecto.

Qué deberías hacer: Si estás interesado en él, ¡permite que lo sepa! No hay nada tan obvio como dichas señales. ¡Procede, da el primer paso, los hombres adoran cuando las mujeres dan el primer paso hacia una nueva relación!

Cómo descifrar a las mujeres

Los hombres sienten que las mujeres son extremadamente complicadas. Algunos de ellos han citado que preferirían correr por un bosque de cactus, desnudos como un mono, que tratar de entender a una mujer.

¿Por qué el terror?

Las mujeres, al ser mujeres, son hábiles para mostrarse a sí mismas extremadamente ambiguas y coquetas. Los hombres normalmente van al grano y casi siempre hacen lo que dicen. Las mujeres, por otro lado, se comunican en un lenguaje extremadamente distinto (donde el sí significa que no; no significa que sí, y quizás signifique ambas cosas o ninguna al mismo tiempo) y usualmente muestran sutiles indicios para decir lo que quieren.

El mundo de los hombres normalmente es blanco o negro y donde difícilmente habrá tonos de grises en ello, mientras que en el mundo de la mujer se pinta diferente, variando las notas del gris, y puede ser extremadamente complicado para un hombre entenderlo.

Cuando una mujer suele hablar, casi siempre es indescifrable para los hombres y éstos dejan de lado las finas pistas, y se espera que ellos no solo se den cuenta de dichas indirectas, ¡sino también que sean capaces de interpretarlas! Este atributo hace muy importante para los hombres, que entiendan el lenguaje corporal y es preciso que reaccionen como se espera y de manera inmediata.

Las mujeres pueden parecer muy confundidas cuando hablan, pero el lenguaje corporal de muchas mujeres llega a implicar la misma cosa, y tiene la misma respuesta cuando se somete a la misma situación.

Cuando un hombre interpreta y descifra estas señales, se sentirá empoderado y podrá tomar dicha información para su ventaja. Esta información es de gran ayuda cuando se sale a la primera cita, cuando realmente no conoces a la chica y necesitas depender en tus propios instintos para entender e interpretar lo que ella quiere y lo que no.

Dicho lo anterior, por favor entiende que las mujeres son muy complicadas y muchos gestos tienen diversas interpretaciones que pueden variar de una mujer a otra. Esto es por lo que hemos enlistado los gestos más comunes de las mujeres cuando se les hace un estímulo en particular, y que te ayudará a entenderlas de una forma más sencilla, ¡aún cuando no se diga una sola palabra!

Cuando ella desea coquetear

Las mujeres tienen una serie de elementos de lenguaje corporal, así que cuando ellas quieren flirtear con un hombre, su cuerpo sigue una estricta serie de reglas, que son notablemente visibles. Cuando una mujer se presenta con intenciones de coquetear, la postura de su cuerpo es tan diferente; ¡por lo que notarás la diferencia en segundos!

Una mujer interesada reirá más seguido e incluso en un volumen más fuerte, al momento de estar cerca del hombre que le interesa y si desea que él se fije en ella. Ella se reirá incluso si sus bromas son horrendas y no valen la pena de reírse.

Otra señal que llama la atención en su lenguaje corporal; cuando a una chica le interesa un hombre, ella se inclinará hacia el cuando charlen, tratando de reducir el espacio que tienen entre ellos, tanto como ella pueda. Ella también hará constante contacto visual con él mientras hablan y trata con el muchacho.

Una señal más de coqueteo, es que la chica de pronto muerde su labio. Ella regularmente mordisqueará su labio inferior con una expresión animada de su rostro, ¡estimulándote con delicadeza!

Cuando tratan de coquetear, las mujeres suelen ser muy inquietas. Si guardas una cuidadosa observación, notarás que la mujer a veces es traviesa con cosas con las que quiere llamar tu atención o para distraerte. Por ejemplo, ella boberá con sus zapatos para atraer tu mirada hacia sus piernas; o jugar con su collar para que mires su torso y algunas veces hará un alboroto con su vestido para que mires hacia éste.

Ella está bastante nerviosa con sus accesorios e indumentaria, ya que ella está nerviosa al interactuar contigo y quiere encubrir el rápido latido de su corazón, deseando esconder su somero y corto aliento.

Cuando una mujer quiere conquistar al hombre que le interesa, con frecuencia hará un alboroto con su cabello, dándole vueltas con su dedo, lanzándolo detrás, moviéndolo de su rostro; y por supuesto, plegando hebras sueltas atrás de su oreja, y tocándolo constantemente.

Ella también moverá sus manos alrededor de su cuerpo, colocándolas a menudo en sitios extraños, como en su cuello, su pecho, sus labios, su cintura, etc. ¡Ella lo hace, porque desea de manera subconsciente, indicarte que a ella le encantaría que pusieras tus manos, reemplazando las de ella!

She will also move her hands around her body, often placing them in weird places, like her neck, her chest, her lips, her waist, etc. She does so because she subconsciously wants to indicate to you that she would love it if your hands would replace hers!

Qué deberías hacer: Si descubres a una mujer ostentando estas señales, es un reflejo de que está interesada en ti y quiere coquetear un poco más contigo. ¡Así que, enciende tu juego y acércate como patrón; su réplica está destinada a ser positiva!

Cuando ella te desea intensamente

Los indicios de lujuria suelen ser parecidos a los del coqueteo; la única diferencia es que se han ido del nivel 1 al 100. Cuando ella hace contacto visual contigo, es por un periodo largo de tiempo y puedes darte cuenta qué tan excitada está ella al solo ver lo dilatadas que están sus pupilas.

Cuando ella nota que la miras, hará gala de sus atributos al sorprenderte con una pose juguetona, empujando sus caderas y pechos hacia afuera. Este tipo de coqueteo y ansias, suele presentarse en casos en los que el ambiente lleva una carga sexual, como en una discoteca. Si realmente no sabes qué esperar, solo mira unos cuantos videos de YouTube en los que Beyoncé aparece; notarás la perfecta esencia de lo que debes esperar de ella.

Mira su respiración. ¿Ella respira lento, pero con dificultad, como si estuviera tomando inspiración profunda? Las respiraciones largas suelen ser un seguro indicio de lo mucho que ella suspira por ti. Por ejemplo, ¿has visto que sus pechos se hacen más grandes cuando te acercas hacia ella? ¿Ella deja de respirar por completo cuando pones un solo dedo sobre ella? Si así es, puedes estar seguro de que ella está muy excitada por tu presencia en torno a ella.

Ella también te tocará con frecuencia, sin dejar ninguna piedra sin mover, sin excusas. "El botón de tu camisa está desabrochado", "hay una fibra suelta en tu manga", "hay algo en tu cara", "¡había una hormiga en tu pantalón!", etc.

Qué deberías hacer: Tu mujer está lista para hacer que las cosas se vuelvan apasionadas, si sabes a qué me refiero. Lenta y continuamente muévete y acércate a ella. Mantén tu vista fija mientras charlas con ella, sin cohibirte de su mirada. Da un paso adelante y empuja un mechón extraviado de su cara y mándalo atrás de su oreja. Tómala de la mano y ligeramente apriétala de vez en cuando. De manera casual pon tu brazo alrededor de ella y jálala cerca o estrújala ligeramente mientras platican. Sacude de manera casual la pelusa de sus hombros o cabellos sueltos de su vestido. Pero, vigila su reacción. Si ella se tensa pensando que vas muy rápido para su agrado o se ve de plano incómoda, retrocede de inmediato. ¡Si se ve que ella está disfrutando la atención, continúa; pues ella está disfrutando lo que haces con ella!

Cuando ella no quiere ligar contigo o simplemente no está interesada

Los indicios de falta de interés son completamente opuestos a las señales de su interés en ti. Por ejemplo, cuando ella está interesada en ti, mantendrá un contacto visual constante cuando interactúe contigo, o cuando charlen juntos. Cuando no está interesada, sus ojos raramente cruzarán la mirada contigo; y cuando por casualidad eso suceda, ella se hará de la vista gorda de manera hostil y terminará mirando al piso, más allá de ti o mirando el entorno que te rodea.

De forma similar, cuando ella desea coquetear, se reirá constantemente de tus bromas, aún cuando no sean chistosas. Pero, cuando no le interesas, te dejará riéndote solo; ¡difícilmente esbozará una sonrisa de tus bromas, aun cuando se trate de los chistes más divertidos que se hayan dicho en el planeta!

Otra señal de que no le interesas es por medio de su lenguaje corporal. En lugar de inclinarse hacia ti para estar cerca, ella se inclinará de forma opuesta de ti, como un intento de poner la mayor distancia entre ustedes dos. Sus brazos también estarán cruzados sobre el pecho. El cruce de brazos, como se mencionó en un capítulo anterior, es un indicador muy fuerte y extremo de desinterés. También se considera como una señal de una mente cerrada a la charla que se está teniendo, así como también a que se está cerrada a cualquier cosa que puedas hacer o pensar en hacer.

Otra muestra de su apatía o su

menosprecio de tu persona es como se comporta ella y cuán distraída está. Por ejemplo, si ella se la pasa mirando su reloj constantemente o de forma continua mira su teléfono, está tratando de hacerte entender de que no tiene ningún interés en ti o en tu conversación y ella no puede esperar que su calvario termine para salir corriendo de tu presencia.

Qué deberías hacer: Francamente, no hay razón por la que debas seguir con tus intentos para afligir a esta mujer; ella ya decidió que no le interesas. Sí, deberías poner cierto empeño en tu cita y tratar de flirtear con ella; solo asegúrate que ella no está realmente interesada y no está distante porque su jefe le gritó, o el policía le puso una infracción de tránsito por estar 3 millas por hora por encima de la velocidad máxima permitida.

Pero, sabiendo que eso es tan ineficaz para el 99% de la gente, y tú no necesitas gastar más tiempo y energía haciendo más esfuerzos en salvar la cita. ¡Date por vencido, paga la cuenta y márchate como si nunca hubiera pasado!

Cuando ella no sabe qué opinar de ti.

Seamos realistas, no todos los hombres son tan honorables y honestos como tú y muchos hombres son unos reverendos patanes. Esos son las personas que echan a perder a la humanidad en general y traen deshonor a todos los hombres del planeta. Tales hombres son la razón por la que las mujeres piensan dos veces antes de interactuar con ellos.

Dicho esto, las mujeres quedan muy confundidas y tal comportamiento solo aumento el tiempo que necesitan las damas para construir la confianza, interpretar tus intenciones y entender lo que sienten por ti.

Cuando una mujer se confunde por sus propios sentimientos, no te dará señales que son sumamente inconsistentes con las señales mencionadas antes. Ella pudiera dar algunos mensajes de coqueteo en un minuto contigo, pero al instante después, ella pudiera lucir una actitud de que no le importe, confundiéndote y desorientándote sin límite.

Por ejemplo, ella pudiera mirarte a los ojos por unos segundos, pero de manera sorpresiva alejar su mirada de ti y ver al piso o a algún lugar detrás tuyo, o incluso voltear a ver al entorno de forma distraída. Mientras te habla, ella pudiera inclinarse en un intento por estar cerca tuyo, pero de pronto retraerse de un tirón si te inclinaras y trataras de imitar su postura, obligándote a imaginar qué es lo que hiciste mal y si ella cambió de opinión de acercarse a ti en una fracción de segundo. Ella podría empujarte lentamente con su pie, acariciando debajo de la mesa, pero repentinamente alejarse de la mesa y de tu persona, como si tocarte le lastimara o le diera una descarga.

Estos son algunas señales de que ella te está diciendo que está insegura de tus intenciones hacia ella o de sus sentimientos hacia ti. Esto muestra que su ser está en guerra con ella misma y no está segura realmente si quiere comprometerse con cualquier relación o quizás no en este momento en particular.

Qué deberías hacer: No la expongas bajo el reflector haciendo que ella se sobresalte y se sienta intranquila en tu presencia. No digas "¿Entonces qué?", o "¿Cuál crees que sea el futuro de esta cita?" o peor aún, "Entonces, ¿debería esperar que me llames mañana?". Procede de manera cautelosa y lentamente, sin tratar de recuperarte amistosamente. No seas demasiado coqueto o hagas gestos explícitamente sexuales hacia ella. Pero, no te separes de forma fría o demasiado distante, porque ella asumirá que te enfriaste con su comportamiento, o de plano ella no te interesa. Esto provocará que la chica se aleje del prospecto de tener una relación y cerrará su mente respecto de ti. Tú deberás permanecer ahí cerca, siendo amistoso y solo eso, hasta que ella tenga una opinión de ti.

Cuando ella está furiosa, enojada y resentida

La ira es una emoción que todos llegamos a tener y por eso es tan sencillo para todos el interpretar fácilmente a alguien que está indignado. El enojo tiene varios tipos – está la rabia justificada, existe la cólera que te ruboriza el rostro, está el silencio y la calma como el preludio de ese mar turbulento de rabia.

Si la mujer es del tipo "furiosa pero tranquila", ella usará el recurso de ceñir sus ojos hacia ti y fruncirá sus labios en una delgada línea blanca. Este tipo de rabia suele acompañarse por apretar fuertemente o juntar los puños, y con frecuencia, su cabeza irá inclinada. En esta ecuación, añade que los brazos irán cruzados sobre el pecho y tendrás a una mujer cabreada al 100%. La postura de ella es suficiente para decirte, en un ataque histérico: "¿Qué fue lo que hice?"

Y Dios no lo quiera, pero si ella tiene la mirada de absoluto desagrado en su rostro y tiene colocadas las manos en sus labios, ¡apresúrate a pedir disculpas hasta que tu lengua se canse de pedir disculpas, aún cuando no hayas hecho nada malo en primer lugar!

A diferencia de otras situaciones mencionadas en este capítulo, ¡más te vale nunca cruzarte con una mujer enojada en tu primera cita o al comienzo de las primeras reuniones, a menos que lo hayas hecho tan pesimamente mal que ella se halla molestado contigo en la primera cita o durante los primeros días de estar saliendo con ella!

Pero, muchas veces, su furia puede no tratarse de ti para nada. Quizás se debió a que su jefe la reprendió frente a sus subordinados sin que fuera su falta, y aún siente un poco el desaire. O quizás alguien se le cerró en el auto de forma horrible, lo que hubiera provocado un terrible accidente si no se hubiera frenado, ¡y pues ella sigue enojada con el otro automovilista porque casi la mata!

Qué deberías hacer: ¡CORRE POR TU VIDA! Bueno, no tanto. Cuando una mujer se muestra con indignación, no necesariamente significa que esté interesada en ti o no quiere corresponder a tus avances. Esta no es una mujer con la que debas coquetear en ese justo momento. Ella seguirá hirviendo con su furia hacia su jefe o hacia la persona que se le cerró en el auto, así que es recomendable que te mantengas neutral y con una conducta amigable y no trates de hacer ningún progreso con ella. Mejor aún, pregúntale qué le gustaría beber y ordena por ella. No le hables hasta que ella termine su bebida o comience a charlar, cualquiera de las que suceda primero. Cuando ella vaya tomando control sobre su enojo, será más fácil que se abra hacia ti haciéndote la vida más fácil para interactuar con ella.

Cuando ella te manda señales cruzadas

Como se menciono anteriormente, cuando las mujeres están confundidas y su estado mental es turbulento, suele reflejarse en su lenguaje corporal. No solo es algo muy frustrante para los caballeros, ¡también es muy confuso! Nunca puedes calibrar si el hombre le gusta o lo desprecia.

Por ejemplo, algunas mujeres usan el sarcasmo como una barrera y esconderse mientras están flirteando contigo. Esta es una característica interesante cuando conoces muy bien a una mujer, pero cuando un cuasi extraño te hace eso, ¡no podrás evaluar su estado mental!

Así que, cuando estés en una primera cita, y tu prospecto insulta tu gusto por cierta bebida cuando la ordenas, pero te mira profundamente a los ojos cuando tienes una conversación seria con ella, o se ríe a carcajadas de todas tus bromas, aun cuando no son nada graciosas, estarás cavilando dentro de tu cabeza. ¿Le gustas a ella? ¿O será que no está interesada en ti? ¿Cuál es el propósito de la burla? ¿Por qué frotó su dedo en tu brazo de arriba a abajo? ¡Hombre! ¡Las mujeres son desconcertantes!

Qué deberías hacer: Esto es lo que tu conocimiento del lenguaje corporal viene a ser útil. No la juzgues por sus palabras; confía solamente en tu conocimiento de leer su lenguaje corporal. Mírala de cerca y trata de coquetear con ella un poco. Si responde de forma positiva, continúa con el buen trabajo. Pero, si ella no reacciona, retrocede de inmediato.

Entiende que el sarcasmo es solo una coraza que ella usa para probar tus límites y mantén un comportamiento amistoso, en caso de que resulte que la chica no te interesa. Podrías decir que esto es parte de un instinto de conservación, donde ella podría preferir no mostrar emociones que salir lastimada por tu rechazo. Se paciente y ella se abrirá lento con tus avances.

Como puedes ver, cada señal del lenguaje corporal puede tener múltiples interpretaciones, dependiendo de la situación con la que la persona está expuesta. Es muy importante que no te concentres solo en una señal, pero que veas a la persona como un roso para que tengas una idea de una perspectiva completa. Por ejemplo, ella podría inclinarse y charlar contigo, pero podría no estar manteniendo una mirada continua contigo. De forma similar, él podría estar parado con su cuerpo hacia ti, pero pudiera tener un fruncimiento de cejas mientras habla contigo. Por eso, esto es muy importante para ti el que leas todos las señales antes de tener una conclusión.

Conclusión

Gracias por comprar el libro; se pretende que las explicaciones dadas en la presente obra te ayuden a convertirte en el ser social que todos merecemos ser. Si estás buscando trabajo y aprovechas estos consejos para ayudarte a la forma en que te presentas, entonces ciertamente tendrás una oportunidad de hacerte notar. ¡Si estás buscando una pareja en potencia, estas sugerencias te ayudarán a leer a la persona mejor y medir desde la primera cita si la persona es adecuada o no!

Muchos libros te dirán qué hacer, pero no qué observar. La razón de que esto sea parte integral de este libro es porque tú puedes aprender mucho a partir de la observación. Cuando estudias un mal lenguaje corporal en acción, comenzarás a ver tus propios defectos un poquito más claramente y serás capaz de hacer algo al respecto.

El ejercicio de observación que te hace

hacer el esfuerzo de ver a la gente con un lenguaje corporal destacado fue integrado para un propósito específico. La gente encontrará sencillo el copiar o imitar el comportamiento que encuentran eficaz, por encima de solo una lectura de un libro. No existe mejor ejemplo de como usar el lenguaje corporal positivo que al observar a aquellos que han adquirido esta habilidad.

Una vez que incorpores todos estos consejos mostrados en el libro, no tendrás una comunicación no verbal fuera de lugar, convirtiéndolo en un arte, y la gente disfrutará leer entre líneas. Si utilizas un mal lenguaje corporal, esas líneas son borrosas pues la gente no puede leer entre ellas, y las personas tienen que adivinar quién eres. Aclara todos los malentendidos y muéstrale al mundo quien realmente eres al deshacerte de todo el lenguaje corporal negativo que pudiera estarte saboteando.

Parte 2

Introducción

Me gustaría felicitarte y agradecerte por descargar este libro. Este libro proporciona pasos y estrategias comprobadas sobre cómo conectarse instantáneamente con cualquier persona que use lenguaje corporal no verbal.

¿Alguna vez has deseado tener ese carisma deseable y esa presencia absolutamente poderosa sin decir una palabra? ¿O sientes que hay algo que falta en tu comunicación cuando hablas con la gente? ¿O alguna vez has querido ser la persona que entra en una habitación con extraños y, sin embargo, capaz de captar la atención de todos al instante?

Esta guía de autoayuda tiene como objetivo ayudarte a implementar estas impactantes técnicas socio-psicológicas para entender exactamente lo que otros están pensando sin palabras.

A cualquiera le encantaría descifrar cómo se siente una persona leyéndola. Hay numerosas series de televisión, Like Lie to Me and House, que muestran cómo los pequeños movimientos de tu cuerpo o ciertos rasgos de personalidad revelan numerosos secretos sobre una persona. Cal Lightman in Lie to Me trata de identificar quién es el criminal mirando los mínimos movimientos que hace la persona. Sir Arthur Conan Doyle escribió cómo Sherlock Holmes podía decir la profesión de una persona a través de su apretón de manos.

Cada persona en el mundo regala sus pensamientos internos casi cada segundo de cada día. También podrás leer a una persona cuando entiendas la ciencia que hay detrás de la lectura de este lenguaje tácito. Probablemente te estés preguntando si es psicología lo que necesitarás aprender para entender este idioma. Bueno, la respuesta aquí es no.

El lenguaje del cuerpo es algo que viene naturalmente y usamos el lenguaje para pasar las señales. Todo lo que necesitas hacer es aprender a captar estas señales prestando atención a lo que significa cada una de ellas. Aprender algunas palabras del idioma también, con un poco de práctica, te ayudará a leer a la gente de

una manera que nunca antes habías visto.
Ciertamente te asombrarás de lo que te
has perdido después de entender la
comunicación no verbal.

Capítulo 1: El Origen del Lenguaje Corporal

El lenguaje corporal es muy esencial cuando se trata de comunicación. Es una herramienta que se puede utilizar para romper tratos en los negocios o para entender a las personas que los rodean. En este capítulo se habla de los orígenes del lenguaje corporal que es esencial conocer para entender la importancia del lenguaje corporal.

El Origen del Lenguaje Corporal
¿Qué sabemos sobre las raíces del lenguaje corporal? ¿Crees que es algo con lo que nacemos o algo que aprendemos?
Es difícil responder a esta pregunta y hay dos razones detrás de esto:

- El lenguaje corporal es una herramienta o un arte que ha evolucionado con el tiempo para ayudar a los seres humanos a satisfacer sus necesidades sociales. Hay numerosos antropólogos y científicos que estudian diferentes tipos de gestos para tratar de entender si estos se han desarrollado con el tiempo y el propósito detrás de por qué se han desarrollado. Se sabe que la mayoría de estos gestos coinciden con los de los primates. Los primates usan ciertos gestos para comunicarse entre sí que se han vuelto prominentes también en los seres humanos.

- Cuando el lenguaje corporal se utiliza como modo de comunicación, se puede clasificar en varios grupos: innato y desarrollado. Algunos gestos son innatos y son utilizados por personas de diferentes partes del mundo mientras conversan con las personas que los rodean. Hay otros gestos que se han desarrollado al observar a personas de diferentes culturas. Estos últimos sólo se utilizan con frecuencia cuando se practican a lo largo del tiempo..

Por lo tanto, todo depende de la persona. No te enseñan a fruncir el ceño con ira ni a reírte. Tu cerebro ha sido programado para reaccionar de cierta manera cuando estás enojado o feliz. Sin embargo, puedes elegir cambiar la forma en que te ríes o la manera en que reaccionas cuando encuentras otro gesto más atractivo para ti. Es posible que también hayas aprendido a pararte y a presentarte como una persona segura de ti misma y a proyectar una imagen positiva. Si no es así, podrás captar una buena idea sobre las diferentes formas en que puedes hacerlo a lo largo del libro.

¿Todavía necesitamos el lenguaje corporal?

Tal vez te preguntes por qué necesitamos usar el lenguaje corporal cuando tenemos palabras para ayudar a transmitir nuestro mensaje a las personas que te rodean. Quizás te estés preguntando si puedes comunicarte con las personas que te rodean sin tener que usar el lenguaje corporal.

Lo primero que hay que recordar es que los seres humanos han comenzado a comunicarse sólo recientemente mediante el habla. Se especula mucho sobre cuándo empezamos a hablar. Aunque hemos estado hablando durante más de miles de años, somos relativamente nuevos en el habla. Antes de este tiempo, usábamos gestos y señales (señales no verbales) como los animales para comunicar nuestros pensamientos a alguien.

Puede que hayas oído el dicho: "Los viejos hábitos son difíciles de erradicar", lo que también es cierto en este caso. El lenguaje corporal sigue desempeñando un papel importante en nuestra comunicación, independientemente de que decidamos aceptarlo o no. Podrás notar esto cuando veas a alguien que está hablando por teléfono. Aunque la persona en el teléfono no pueda mirarlos, sí mueven las manos y hacen ciertas expresiones al hablar.

Esto puede parecer muy primitivo cuando lo piensas. Pero, en los días en que no sabíamos hablar, sólo usábamos sonidos gruñidos y nuestras manos para expresar nuestro punto de vista. Sí, no nos veíamos muy bien mientras hacíamos estos sonidos o realizábamos estas acciones, pero logramos comunicar nuestro punto de vista. Podíamos decir a nuestros semejantes que queríamos ir a cazar en ese momento en particular.

Nunca serás capaz de comunicarte eficazmente si no utilizas el lenguaje corporal cuando hablas con alguien. Esto implica que la comunicación verbal y no verbal van de la mano. Debes considerar el lenguaje corporal como el condimento de tu comida. Puedes hacer que tu comida tenga un sabor diferente añadiéndole diferentes aderezos. De la misma manera, podrás decir algo e implicarlo de manera diferente usando el lenguaje corporal. Por ejemplo, puedes decir "Estoy bien" usando diferentes gestos y signos que le darían al receptor diferentes significados.

El Estudio del Lenguaje Corporal

El estudio del lenguaje corporal comenzó con los actores cuando protagonizaron Silent Films. Los actores, como Charlie Chaplin, tuvieron que aprender a expresar su actitud, sus emociones y su estado utilizando el lenguaje corporal, ¡y lo hicieron muy bien! Lo sorprendente de las películas mudas fue que pudimos descifrar lo que los actores trataban de decir incluso cuando carecían de voz. Esto es una prueba de que el lenguaje corporal puede decir mucho sobre lo que una persona piensa y siente.

¿Quién fue el primero en estudiar el lenguaje corporal y su origen?

Charles Darwin, el padre de la evolución, fue el primero en estudiar el lenguaje corporal y su origen. Estudió el lenguaje corporal de animales y seres humanos y trató de entender las similitudes entre ambos. En su libro "The Expression of the Emotions in Man and Animals" (La Expresión de las Emociones en el Hombre y los Animales), de 1872, ha tomado nota de todas sus investigaciones.

Hizo observaciones cuidadosas e identificó que los seres humanos, como los animales, comparten ciertos comportamientos innatos que son comunes en todos los seres humanos, independientemente de su raza o región. Estas claves, que eran no verbales, ayudaron a revelar ciertas emociones que nos ayudaron a comunicarnos con otros seres humanos. En el libro, mencionado anteriormente, Charles Darwin ha establecido el hecho de que hay una ciencia detrás del lenguaje corporal. Esta ha sido la base de muchas investigaciones que se han llevado a cabo sobre el lenguaje corporal.

La mayor parte de la investigación sobre el lenguaje corporal comenzó a finales de la década de 1960, lo cual es un poco sorprendente ya que existe desde el principio de los tiempos. Desde finales de los años sesenta, se ha convertido en una parte esencial de muchas asignaturas: psiquiatría, antropología, ciencias sociales e incluso empresariales.

Ahora que has entendido la esencia del lenguaje corporal y también has leído un poco sobre la historia del lenguaje corporal, pasemos a entender ciertos aspectos del lenguaje corporal.

Capítulo 2: El Lenguaje Corporal sí Importa

Cuando entiendas las bases del lenguaje corporal y también la conversación silenciosa, podrás llegar muy lejos en la vida. Esto es similar a entender lo que el atuendo de una persona dice sobre ella y también a entender lo que tu ropa está diciendo.

Una persona con un entendimiento del idioma y que también presta atención a cómo puede presentarse, será capaz de expresarse de la manera que quiera y también de entender lo que la gente a su alrededor quiere de él. Esta guía sobre el lenguaje corporal se centra en dos aspectos cruciales:

1. Cómo controlar tus reacciones para decir siempre lo que quieres decir
2. Cómo entender el cuerpo de otra persona para analizar lo que está sintiendo y pensando

Para entender esto, no es necesario ser un espía, detective o jugador profesional.

Puede aprovechar los puntos anteriores simplemente entendiendo lo que tu cuerpo puede decir. Cuando seas capaz de ver y entender cuál es la reacción de otra persona hacia ti, serás capaz de entender lo que piensan de ti, lo que hará más fácil entender el tipo de personas con las que te gustaría hacer negocios. El primer aspecto a considerar se basa en la practicidad. Serás capaz de entrenarte para dejar de debilitarte. Podrás moverte con un mayor nivel de confianza mientras captas la atención de las personas que te rodean. Esto llevaría a un efecto de causa y efecto de bucle; por ejemplo, cuando se ve a una persona de pie y siempre moviéndose como un líder seguro, la gente a su alrededor empieza a pensar en él como un líder - lo que llevaría a que se considerara a sí mismo como un líder.

¿Funciona esto?

Todo el mundo piensa eso al menos una vez. Probablemente piensan que esto es demasiado bueno para ser verdad, lo cual sería el caso hasta que entiendan las complejidades del lenguaje corporal.

¿Serías capaz de entender si una persona está coqueteando, enamorada, enferma o mintiendo cuando miras sus ojos o sus manos? ¿Sería capaz de obtener más consejos, cerrar un trato, asustar a un atacante o tranquilizar a una persona a la que quieres fácilmente cuando cambias de postura?

Bueno, esto es cierto, aunque con condiciones. Una persona que está preparada tampoco podrá tener siempre una calificación de lectura perfecta. Esto se debe a que los estafadores y mentirosos tienen experiencia con el lenguaje corporal y se esforzarán por controlar todos sus movimientos y gestos para evitar decir su mentira o estafa.

En muchos casos, la intuición es tan necesaria como la formación en la comprensión del lenguaje corporal. Hay muchas señales no verbales que ocurren en segundos que harían extremadamente difícil entender lo que la persona está tratando de decir. La única manera de poder procesar estas señales sería volver a ver el intercambio completo a cámara lenta. Ya que no tenemos esa posibilidad, necesitaremos contar con nuestra intuición y analizar los indicios para ayudarnos a tener una idea de la situación..

Con todo esto, puedes conseguir mucha información que podrás obtener cuando entiendas y analices el lenguaje corporal de la persona que te habla. Cuando controlas tu propia postura y gestos, serás capaz de influir en las personas que te rodean, independientemente de si son conscientes o no de lo que estás haciendo. Esto se debe a que la mayoría de las reacciones están conectadas al cerebro humano. En general, es un sí - todo esto realmente funciona. No perderás el tiempo leyendo esto.

¿Cuánto debo pensar en esto?

Esta es una pregunta un poco difícil. Esto se debe a que necesitarás prestar mucha atención. Pero, esto no significa que tengas que observar los movimientos frenéticos de la gente y tratar de recordarlos, ya que no podrás sacar nada de ello. Esto se debe a que estarás distraído y también serás menos efectivo en la comunicación verbal y no verbal, lo que te llevaría a perder todo el sentido de la conversación.

Podrás aprender mejor cuando empieces a practicar en situaciones controladas. Todo lo que necesitas hacer es usar ciertos momentos de tu vida en los que no tengas que estar bajo demasiada presión -como ir de compras al supermercado o cuando estás en el cine o en un restaurante- para observar la forma en que se comportan otras personas. Necesitarás leer sus gestos, posturas y expresiones faciales.

También puedes practicar cuando estés en parques, tiendas, calles públicas y ciertas zonas que se encuentren expuestas al público. Todo lo que necesitas hacer es practicar cuando tu vida social o tu negocio nunca está en juego. Te sorprenderá ver cómo se materializan ciertos aspectos básicos del lenguaje corporal.

No te convertirás en Sherlock Holmes o en el Dr. Gregory House, pero podrás olvidarte cuando creas que una persona que te abre las palmas de las manos te está pidiendo que confíes en ella. Podrás entender mejor las diferentes señales y reaccionar a la situación de la manera correcta.

Las cosas no son siempre lo que parecen

Es fácil entender lo que está sucediendo en una conversación - no es fácil, sólo muy simple. Tendrás que ser capaz de relacionar lo que estás viendo y oyendo en tu entorno, donde se desarrolla toda la conversación, a través de la cual podrás sacar todas las conclusiones posibles. Muchas personas siempre ven cosas que suponen que están viendo o creen que están viendo. Veamos una historia para demostrar esto:

Mientras caminaban por el bosque, dos personas se encontraron con un agujero profundo.

A: "Ese agujero parece muy profundo."

B: "Vamos a tirar algunas piedras dentro del agujero y determinar su profundidad."

Los dos lanzan unas cuantas piedras al hoyo y esperan, pero no hay absolutamente ningún sonido.

A: "Es un agujero extremadamente profundo; puede que no hayamos oído el sonido por esta misma razón. Tiremos una piedra más grande en el agujero para oír un ruido."

Levantan dos piedras del tamaño de un balón de fútbol y las tiran al hoyo. Esperan, pero no pudieron oír nada.

B: "Parece que aquí hay un guardarraíl en la maleza. Si tiramos eso al hoyo, podremos oír un ruido definitivamente."

Los dos arrastran la traviesa de ferrocarril hacia el agujero y la lanzan al interior, pero, desgraciadamente, no se oyó ningún sonido. Una cabra apareció de la nada desde el bosque y corrió hacia los dos hombres. Corre justo entre ellos dos yendo lo más rápido que puede.

La cabra saltó por los aires y desapareció en el agujero. Los hombres se hacen a un lado y están desconcertados por lo que han visto. Un granjero sale del bosque y pregunta a los dos hombres si vieron su cabra salir del bosque. Los dos hombres se sorprenden y dicen que vieron la cabra y que saltó directamente al hoyo. El granjero dice que no podía ser su cabra, ya que su cabra estaba atada a una traviesa de ferrocarril.

¿Conoces bien tu?

Hay veces que decimos que conocemos las cosas como la palma de nuestras manos. Numerosos experimentos demuestran lo contrario - se concluyó que menos del 5% de las personas pueden identificar el dorso de sus propias manos usando una fotografía. Se realizaron numerosos experimentos, especialmente en programas de televisión que muestran que la gente en general no es buena leyendo e interpretando las señales del lenguaje corporal.

Un experimento fue el de colocar un gran espejo al final de un vestíbulo que daba a la gente la ilusión de que estaban en un pasillo muy largo, que atravesaba el hotel y salía por la parte de atrás del vestíbulo. Al principio del pasillo se colgaron grandes plantas que hacían que pareciera que había otra persona entrando en el vestíbulo. La persona que entrara después de la primera no sería reconocible ya que su cara estaría cubierta por las plantas. La gente de delante sólo podría ver a la persona de atrás por debajo de su cuello.

El cliente que estaba delante observaba al cliente en la parte de atrás sólo durante cinco segundos y tenía que girar hacia la recepción. Pero, cuando se les preguntaba si eran capaces de reconocer a la persona frente a ellos, el 85% de los hombres no eran capaces de reconocer al otro invitado. ¡Había algunos hombres que no podían reconocerse en el espejo! Pero, había un 58% de mujeres que entendían que lo que había detrás de ellas era un espejo, y cerca del 30% de ellas pudieron afirmar que el cliente detrás de ellas les era familiar.

¿Cómo se detectan las contradicciones del lenguaje corporal?

Hay gente en todas partes que está tratando de entender el lenguaje corporal de los políticos, ya que la gente en todas partes sabe que los políticos a menudo fingen creer en ciertas cosas en las que no creen. Estas personas también empiezan a inferir que estos políticos no son quienes dicen ser.

Los políticos pasan mucho tiempo mintiendo, fingiendo, evitando, esquivando, eludiendo, escondiendo sus emociones y sentimientos y usando cortinas de humo para saludar a sus amigos, que son imaginarios, entre la multitud. Pero, sabemos que definitivamente cometerán un error al contradecir lo que están tratando de decir a través de su lenguaje corporal y es por esto que los observamos con la máxima concentración. ¡Queremos atraparlos en su juego!

¿Cómo te ayudará el libro?

El lenguaje corporal es una parte esencial de la comunicación. A través de los diferentes capítulos del libro, podrás captar la esencia del lenguaje corporal y cómo puedes usarlo para dejar una impresión positiva en las personas que conoces. Hay diferentes técnicas que se detallan en los capítulos que explican cómo debes comportarte si quieres que te perciban como alguien que tiene confianza.

Aprenderás sobre la postura y la posición y cómo nunca debes invadir el espacio personal de alguien. La forma en que estrechas la mano o la forma en que pones las manos mientras hablas con alguien dice mucho de ti. A lo largo del libro, podrás entender estos aspectos con mayor detalle.

Capítulo 3: Fundamentos del lenguaje corporal

Todos conocemos a alguien que puede entrar en un cuarto que está lleno de gente y que será capaz de darle una descripción exacta de la gente en el cuarto y también de sus relaciones. Esa persona también podrá contarte cómo se siente la gente en el cuarto. La forma original de comunicación, antes incluso de que el lenguaje evolucionara, entre los seres humanos era leyendo la actitud y los pensamientos de una persona a través de su comportamiento.

La mayor parte de la comunicación se hacía siempre a través de la escritura en libros, periódicos y cartas, y esto fue antes de que la radio apareciera. Por eso, las personas que son pésimos oradores tuvieron éxito en aquellos tiempos porque sabían escribir bien. Cuando se inventó la radio, la gente que era un buen orador era capaz de dominar a la gente que los rodeaba; gente como Winston Churchill era muy buena en esto, ya que hablaba maravillosamente. Él no habría podido hacer esto en esta generación ya que la gente evalúa a otra persona en base a su apariencia.

La gente de hoy en día entiende que siempre se trata de la imagen y apariencia de una persona. Los políticos y otras personas famosas han comprendido esto y tienen profesionales que los entrenan para que se muestren cariñosos, sinceros y honestos incluso cuando no lo son.

Es increíble que el lenguaje corporal se haya estudiado durante mucho tiempo, pero sólo se ha estudiado de forma activa desde los años sesenta. La gente todavía cree que el lenguaje es la principal forma de comunicación. El lenguaje se ha convertido recientemente en una parte de nuestra comunicación y sólo se ha utilizado para transmitir ciertos datos y hechos. Fue hace sólo 2 millones o 500.000 años que se desarrolló el lenguaje, que fue cuando el tamaño del cerebro humano se triplicó. Antes, sólo a través de los sonidos y el lenguaje corporal las personas transmitían sus emociones y sentimientos, que es lo que sucede. Dado que la mayoría de las personas se concentran sólo en lo que dicen, no están informadas de la importancia del lenguaje corporal.

El lenguaje hablado te ayuda a entender la importancia del lenguaje corporal. Veamos algunas frases que muestran la importancia del lenguaje corporal:

1. Mantener el labio superior tenso
2. Mantener tu barbilla levantada
3. Permanecer a una distancia que no exceda la distancia del brazo
4. Sacar pecho
5. Beasr el culo
6. Enfrentarse a ello
7. Poner tu pie adelante

Algunas de estas frases son difíciles de digerir y puede que no confíes realmente en ellas, pero hay algunas que son reveladoras. Hay algunas frases más que pueden seguir surgiendo, pero o bien pierdes el control al leer estas frases o te apartas completamente de la idea del lenguaje corporal. Espero que estas frases no te hayan molestado, sino que te hayan ayudado a motivarte.

¿Por qué nunca es lo que dices?
Aunque tenemos que mirar a los ojos de una persona cuando la miramos por primera vez, siempre tomamos una decisión, y muy rápida, acerca de su dominio, amabilidad, potencial como pareja, etc., ya sea de cerca o de lejos.
Numerosos investigadores coinciden en que la comunicación verbal se utiliza a menudo sólo para transmitir información, mientras que el lenguaje corporal se utiliza para negociar actitudes interpersonales y a veces se utiliza como sustituto de la comunicación verbal. Por ejemplo, una mujer puede mirar a otra mujer con una mirada que realmente mata, lo que transmitiría el significado claramente. Esto podría hacerse sin que la mujer dijera una sola palabra.
Hay muchas personas a las que les resulta muy difícil aceptar que los seres humanos sigan siendo animales, biológicamente hablando. Charles Darwin ha dicho que los seres humanos son una especie de

primates que han aprendido a caminar y hablar - básicamente primates con un cerebro avanzado. Pero, como todas las demás especies, estamos dominados por reglas que controlan nuestras reacciones, acciones, gestos y lenguaje corporal. Lo más fascinante es que los seres humanos son conscientes de sus posturas, movimientos y gestos. También son conscientes de que podrían estar contando una historia completamente diferente.

¿Cómo revela el lenguaje corporal pensamientos y emociones?

El lenguaje corporal es una forma en la que representas tus condiciones emocionales. Cada movimiento y gesto puede utilizarse como una clave valiosa para evaluar las emociones y sentimientos de una persona en ese mismo instante. Por ejemplo, una persona que es consciente de sí misma sobre el aumento de peso puede estirar el pliegue de la piel que está debajo de su barbilla; una mujer que es muy consciente del peso extra en sus muslos puede seguir alisando su vestido; una persona que está a la defensiva o temerosa siempre puede cruzar las piernas y los brazos, mientras que un hombre que habla con una mujer que tiene senos grandes no puede conversar con la mujer sin mirarle el busto, y no dejaría de hacer constantemente gestos de tanteo con sus manos.

Lo más importante de leer el lenguaje corporal es ser capaz de entender las condiciones emocionales de cualquier persona mientras se presta atención a lo que está diciendo y se toma nota de las condiciones en las que está diciendo algo. Esto te daría el poder de separar la realidad de la fantasía y la realidad de la ficción.

En los últimos tiempos, hemos empezado a dar al discurso un nivel de importancia extremadamente alto desde que hemos empezado a mejorar nuestra capacidad de ser conversadores. Hemos pasado por alto el hecho de que nuestro cuerpo puede decir mil palabras y que cada una de las palabras pronunciadas por tu postura y gesto tiene un gran impacto. Este es el caso aunque reconocemos el hecho de que la mayoría de los mensajes en una conversación cara a cara siempre se revelan a través de ciertas señales de su cuerpo.

Las mujeres son más perceptivas

Cuando etiquetamos a ciertas personas como intuitivas o perceptivas, nos referimos -con o sin conocimiento- a su capacidad para leer e interpretar el lenguaje corporal de una persona. Estas personas son capaces de separar y comparar el lenguaje corporal y las señales verbales. Puede haber habido ocasiones en las que hayas tenido un "sentimiento" de que una persona te está mintiendo. Esto podría deberse al hecho de que fuiste capaz de separar el lenguaje corporal de la persona de sus palabras habladas; también significa que los dos no tienen sentido para ti. Esto es a lo que los oradores se refieren como conciencia de la audiencia. Por ejemplo, si hay un grupo de personas que ha comenzado a encorvarse en sus asientos con la barbilla hacia el pecho y los brazos cruzados de forma protectora sobre el pecho, el orador (si es intuitivo) debe ser capaz de captar el hecho de que el resultado no ha sido satisfactorio y tendrá que reaccionar con rapidez para evitar que el público se desvíe del programa por completo. Si el orador no fue perceptivo o intuitivo, continuará cometiendo el mismo error sin importar lo que diga el lenguaje corporal de la audiencia.

Se sabe que las mujeres son más perceptivas que los hombres, por lo que se creó el término "intuición femenina". Las mujeres tienen una habilidad innata para descifrar y captar señales no verbales y tienen muy buen ojo para los pequeños detalles. Es por esta misma razón que muy pocos maridos pueden mentir a sus esposas y salirse con la suya y, a la inversa, las mujeres pueden engañar a sus maridos sin que ellos se den cuenta.

Los psicólogos de la Universidad de Harvard pudieron realizar investigaciones sobre cómo las mujeres están más alerta al lenguaje corporal en comparación con los hombres. Realizaron el experimento mostrando cortometrajes con el sonido apagado. La película mostraba a un hombre y una mujer hablando entre ellos y se les pedía a los participantes en la sala que descifraran lo que decían los actores en la pantalla con sólo mirar sus expresiones. Los resultados mostraron que las mujeres eran capaces de leer la situación el 87% del tiempo y con precisión, mientras que los hombres sólo podían hacerlo el 47% del tiempo. Los hombres que ocupaban puestos que podían ser categorizados como de cuidado - interpretación, enfermería, directores creativos, etc. - eran capaces de desempeñarse tan bien como las mujeres. Los hombres gays también podían sacar un buen puntaje, independientemente de su ocupación.

La intuición femenina es profundamente evidente en las mujeres que han dado a luz y criado a sus hijos. Esto se debe a que la madre depende únicamente de la comunicación no verbal que se produce entre el bebé y ella. Es por esta misma razón que las mujeres son más perceptivas que los hombres, ya que empiezan a leer las señales desde el principio.

Aprendiendo cultural, Genética e Innatamente

Cuando cruzas las piernas, ¿cruzas la pierna izquierda sobre la derecha o la derecha sobre la izquierda? Cuando cruza los brazos sobre el pecho, ¿cruzas el brazo derecho sobre el izquierdo o el izquierdo sobre el derecho?

Muchas personas no son capaces de describir lo que hacen a la perfección hasta que lo hacen. Cruza los brazos sobre el pecho ahora y luego trata de invertir el orden de los brazos rápidamente. ¿Qué forma te hace sentir mejor? ¿Hay alguna manera en particular que parezca completamente incorrecta? La evidencia sugiere que esto podría ser un gesto genético y por esta misma razón no puede cambiarse tan fácilmente como uno desearía.

Se han llevado a cabo innumerables investigaciones y debates para descifrar si las señales no verbales fueron transferidas genéticamente, innatas o aprendidas de una forma u otra. Se han recogido pruebas de personas ciegas que no habrían podido aprender el arte de la comunicación no verbal a través de ningún canal visual. El lenguaje corporal y los gestos de personas de diferentes culturas de todo el mundo fueron comparados con nuestros antepasados, o parientes más cercanos (antropológicamente hablando), los simios.

La conclusión de esta investigación ha indicado que ciertos gestos entran dentro de cada una de las categorías mencionadas. Por ejemplo, un bebé nace con la capacidad de succionar y esta capacidad puede ser genética o innata. Un científico alemán, Eibl-Eibesfeldt, concluyó que los niños eran capaces de sonreír independientemente de si habían nacido ciegos o sordos, y esto quiere decir que el arte de sonreír también podía ser un gesto innato. Friesen, Sorenson y Ekman estudiaron las expresiones faciales de ciertas personas de cinco culturas muy diferentes. Sus conclusiones apoyaban ciertas creencias que Darwin tenía sobre los gestos innatos. Pudieron identificar que cada cultura usaba unos pocos gestos faciales básicos para mostrar ciertas emociones que los llevaban a creer que estos gestos eran innatos.

Hay mucho debate que todavía existe cuando se trata de identificar si ciertos gestos se aprenden culturalmente o si son genéticos. Por ejemplo, la mayoría de los hombres se ponen el abrigo poniendo primero el brazo derecho, mientras que las mujeres siempre ponen primero el izquierdo. Este ejemplo muestra que las mujeres usan el hemisferio derecho de su cerebro para realizar esta acción, mientras que los hombres usan el hemisferio izquierdo de su cerebro.

Otro ejemplo que se podría considerar sería - un hombre cuando camina por una calle llena de gente siempre voltearía su cuerpo hacia una mujer que pasa junto a él, mientras que una mujer voltearía su cuerpo lejos de él para proteger sus pechos. ¿Piensas que es un gesto innato o crees que la mujer lo habría aprendido observando a las mujeres que la rodean?

Capítulo 4: Entender el Espacio Personal

Cada animal siempre marca sus territorios utilizando ciertos mecanismos. Un territorio es un espacio o una zona que está alrededor de una persona que dice ser suya; es como una extensión de su propio cuerpo. Hay un espacio aéreo definido que existe alrededor del cuerpo de la persona que es su propio territorio. Este capítulo trata de ese espacio aéreo definido y de cómo reaccionará uno cuando ese espacio sea invadido.

El espacio personal de una persona depende de la población del país o área en la que creció. Por lo tanto, se puede decir con seguridad que el espacio personal está definido culturalmente. A algunas culturas no les importaría que una persona se parara muy cerca de ellas, mientras que hay otras en las que esto está condenado.

Hay cuatro zonas distintas que una persona tiene a su alrededor. Discutamos estas zonas con un poco de detalle para entender cómo nunca debemos invadir el espacio personal de una persona.

Zona Íntima

Esta es una zona extremadamente importante y se encuentra entre 6 y 8 pulgadas del cuerpo. Esta es la zona que la persona protege como si fuera su propia propiedad. Sólo las personas con las que estamos cerca pueden entrar en esta zona. Hay una subzona que se extiende hasta 6 pulgadas, que es una zona en la que sólo se puede entrar durante el contacto físico que es íntimo.

Zona Personal

Esta zona está entre 18 y 48 pulgadas del cuerpo de una persona. Es la distancia a la que una persona se encuentra con los demás en fiestas de negocios, funciones sociales y reuniones.

Zona Social

Esta es la zona que se extiende desde el cuerpo de una persona hasta 1 o 3 metros. Una persona se pararía a esta distancia de un extraño - el carpintero o fontanero que trabaja en casa, los nuevos empleados en el trabajo y cualquier otra persona que no conozca bien.

Zona Pública

Esta zona se extiende a más de 3 pies del cuerpo de una persona. Cuando te diriges a un grupo grande, te encontrarás en una situación cómoda cuando decidas pararte a esta distancia.

Estas distancias disminuirían entre las mujeres y aumentarían entre los hombres.

Cómo Utilizar las Zonas para un Enfoque Positivo

A menudo la gente entra en la zona íntima por dos razones solamente:

1. La persona es un amigo o un pariente cercano o la persona está haciendo un progreso sexual

2. La persona está lista para atacar

Puede estar bien que una persona se inmiscuya en las zonas personales y sociales de otra persona, pero si se inmiscuye en la Zona Íntima, definitivamente habrá ciertos cambios fisiológicos que tienen lugar en el cuerpo. Su corazón comenzará a bombear sangre más rápido, lo que resulta en que la adrenalina sea bombeada al torrente sanguíneo, lo que prepara a tu cuerpo para luchar si es necesario.

Cuando conoces a una persona por primera vez y le pones el brazo amistosamente, esa persona puede empezar a sentirse negativa hacia ti ya que has invadido su zona íntima. Pueden sonreír y tratar de parecer amigables, pero no quieren que tu brazo los rodee.

Si quieres que la gente a tu alrededor se sienta cómoda, tendrás que recordar la regla de oro: "Mantén la distancia".

Cuanto más íntima sea tu relación con una persona, más posibilidades tendrás de acercarte a ella. Por ejemplo, un nuevo empleado puede sentir que las personas que lo rodean son frías hacia él. Pero lo único que hace la gente es ponerlo en la Zona Social hasta que lo conozcan mejor. Cuando lo conozcan mejor, se moverá entre las zonas y a veces incluso llegará a la zona íntima de la persona.

Capítulo 5: Actitud y Postura

Los gestos hechos por las manos de una persona son pequeños y los movimientos de los ojos son minúsculos y necesitarían que estuvieras cerca para verlos. Pero, la postura de una persona siempre se puede leer y entender desde la distancia.

La forma en que una persona se para o mueve sus extremidades proviene de nuestros antepasados primates. Los seres humanos comparten la mayoría de sus gestos con sus parientes simios. La postura y la posición están relacionadas con los sentimientos de supervivencia - estrés, agresividad, defensividad y dominación.

Actitud Dominante

Hay que tener en cuenta que el dominio y la agresión son cosas diferentes. Una persona que se siente responsable y segura es muy diferente de una persona que busca pelea.

- Una persona que es dominante se pararía en una pose que es abierta y cuadrada. Expondrá sin miedo sus vitales vulnerables, como su estómago.

- La persona dominante separaría sus piernas cerca de los hombros, a lo ancho.

- Se pondría de pie con la barbilla hacia adelante y la cabeza en alto, mientras expone el cuello.

- Sus brazos colgarán cómodamente de los costados o se agarrará las manos por detrás de la espalda. Nunca pondría sus manos delante de su cuerpo ya que eso indicaría definitivamente que está a la defensiva.

- La gente con la que está interactuando se enfrenta a él. La gente no se volvería para verlo con una mirada lateral, sino para mirarlo con todo su cuerpo.

- Cuando está sentado, coloca los pies ligeramente separados y extiende las piernas (este es un gesto instintivo que expondría la región pélvica).

- Sus manos se colocan sobre la mesa, ligeramente separadas entre sí en lugar de entrecruzarlas delante de su cuerpo.

Como es obvio, una persona que es dominante será capaz de dar un sentido de franqueza. Podrá mostrar la parte delantera de su cuerpo sin ningún temor. Podrá decir: "Estoy aquí y no te temo" por la forma en que se encuentra. Un policía, un político o cualquier líder siempre usará esta postura. Esta es una buena postura para que te entrenes y te acostumbres a ella, ya que te ayudará a dar a la gente la impresión de que eres un líder y serás capaz de inspirar respeto en las personas que te rodean.

Actitud Agresiva

Una persona que es agresiva no es una persona que tiene el control - es una persona a la que le gustaría tener el control. La postura que este tipo de persona tendría es potencialmente violenta y representa un desafío. Tendrás que estar atento a este tipo de comportamiento. Estas personas no están pensando en hacer nada violento, pero se están preparando para una pelea. Necesitarás calmar a esta persona antes de que empieces a tratarla de una manera racional,

- La persona probablemente pondrá todo su peso sobre el pie que está enfrente como si estuviera agachado para saltar.

- Las piernas se colocan cerca una de la otra con la pierna dominante un poco por delante de la otra. Esto es para preparar sus músculos para que entren en acción si es necesario.

- La cabeza se inclina hacia adelante y el mentón se baja para proteger el cuello de cualquier daño. Esto podría interpretarse como un signo de debilidad y la persona trataría de mover su torso hacia arriba para ocupar el espacio personal del receptor.

- Los brazos de la persona se levantan hacia otras personas - gestos agresivos como señalarlas con el dedo se hacen a menudo junto con gestos enfáticos.

- La persona tendrá sus manos en frente de él de la misma manera que si estuviera boxeando. El cuerpo está ligeramente girado para asegurar que uno de los hombros proteja el centro de su cuerpo para evitar la exposición de signos vitales.

- Si la persona está sentada, se inclinaría hacia adelante con las palmas de las manos hacia abajo sobre la mesa. Esto parecería como si la persona estuviera tratando de asegurarse de que tiene el espacio para saltar del asiento si es necesario..

Verás estas posturas en vendedores, corredores de bolsa, abogados, ayudantes políticos y ciertas personas que buscan una discusión. Si eres consciente del hecho de que estás adoptando una postura agresiva, necesitarás tratar de cambiar a la postura dominante ya que es más centrada. Siempre es bueno parecerse a alguien que tiene el control, a diferencia de una persona que siente que necesita luchar por el control.

Actitud Defensiva

Es fácil reconocer a una persona que nunca se siente cómoda. Su cuerpo enviará micro señales y gestos que indicarán que están tratando de proteger su cuerpo y cubrirlo tanto como sea posible. Una persona que está parada de esta manera probablemente se sentiría mal por algo. Pueden sentirse intimidados por su situación o siempre se miran a sí mismos de una manera que dice que están en desventaja. Si este no es el caso, podrían estar ocultando algo importante y están preocupados por ser atrapados en el acto.

- El peso del cuerpo de la persona se aleja de las personas con las que está conversando. Estaría orientado en la dirección de una huida.

- Sus hombros se levantarían y el mentón se colocaría cerca del pecho para proteger su cuello.

- Sus brazos cubrirían la parte delantera de su cuerpo, lo que a menudo significaría que la persona tendría las manos juntas sobre el pecho o cruzadas delante de la región pélvica.

- Si la persona está sentada, sus brazos deben estar cerca de su cuerpo. Se inclinaría sobre sus codos o cruzaría sus brazos delante de él sobre la mesa..

Una persona que tiene esta postura está mostrando signos de preocupación y necesitará calmarse. Siempre es bueno darles su espacio personal y hacer gestos que calmen a la persona. Intenta elegir palabras tranquilizadoras junto con los gestos para tener un efecto profundo en la persona. Si te encuentras cruzando los brazos frente a ti para proteger tu torso, debes entender que algo te está haciendo sentir incómodo y necesitas identificar una manera de corregirlo. También necesitarás moverte a la posición dominante para asegurarte de que irradias confianza.

Señales Mixtas

La mayoría de las veces encontrará personas que exhiben más de uno de los rasgos al mismo tiempo. Necesitará buscar otras señales del lenguaje corporal junto con las señales de la postura - observa el movimiento de los ojos y los gestos.

En la mayoría de los casos, los pies y los brazos serán los mejores indicadores en lugar de un cuerpo torácico. A las personas se les ha dicho que se paren derechas muy a menudo y siempre se tensan artificialmente, independientemente de si están nerviosos o enojados. Si los brazos de la persona están doblados defensivamente con los pies apuntando hacia una ruta de salida, o si la persona está moviendo las piernas como si estuviera lista para lanzarse, sabrás que la postura no es sincera.

Capítulo 6: Gestos de la Mano

Hay un viejo chiste que dice: "Si quieres cerrar la tienda de un italiano, sólo tienes que atarle las manos a la espalda".

Se sabe que los italianos usan mucho las manos mientras hablan. La gente de todo el mundo puede que no lo haga tanto como los italianos, pero usan sus manos mientras tratan de entablar una conversación. La forma en que pones tu mano no está culturalmente entrenada. La forma en que una postura recta de respaldo es la que haría muy fácil juzgar la forma en que una persona se está sintiendo.

Palma Abierta

Cuando mires a una persona, tendrás que prestar mucha atención a sus palmas. Si eres capaz de ver las palmas de las manos de la persona, ésta podrá decirte mucho sobre lo que está pensando. Cuando las palmas de las manos se mantienen abiertas, esto muestra que la persona no está sosteniendo un arma y no se está preparando para dar un golpe. En los primates, es un acto de sumisión, pero en los seres humanos es un acto de cooperación y voluntad de escuchar. Hombres y mujeres muestran sus palmas a las personas con las que tratan de hablar o hacen un llamamiento a.

- Los políticos tienen las manos en alto sobre el podio y separadas. Miran con la palma de la mano al público para invitarlo a compartir sus pensamientos e ideas.

- Una celebridad que busca la atención del público levanta los brazos y saluda a la multitud. Si los paparazzi están a su alrededor y quieren disuadirlos de hacer demasiadas preguntas, las celebridades se meten las manos en los bolsillos o a los costados.

- Los magos y estafadores siempre extienden sus manos sobre una mesa o dirigen sus palmas hacia la multitud para mostrarles que no tienen nada escondido en ellas.

- Si una palma se gira hacia arriba, es una

señal para los mendigos y pordioseros. Una persona con la mano levantada a menudo pedía ayuda. Por ejemplo, en un aula, los estudiantes que hacen una pregunta levantan las manos sobre la cabeza con las palmas hacia afuera..

- Un "choca esos cinco" es una forma de celebrar el trabajo en equipo y los logros.

- Cuando una persona está siendo interrogada por una persona con alta autoridad, a menudo levanta las manos para indicar que está dispuesta a cooperar.

Si te das cuenta de que las personas que te rodean están con las palmas de sus manos hacia afuera, están dispuestas a escuchar lo que estás tratando de decir. Un vendedor buscaría esto ya que se le daría una invitación para hablar si las palmas del oyente están hacia afuera.

Los buenos presentadores y vendedores a menudo usan ciertas excusas para asegurarse de que la gente abra las manos. Podrían repartir folletos o muestras que ayudarían a captar la atención de la multitud. Podrás invitar a la gente a escuchar tus pensamientos y opiniones con la mano abierta. Si encuentras que la gente a tu alrededor se ha vuelto hostil, puedes usar este gesto para calmarlos.

Palma Cerrada

Una palma que mira hacia abajo significa lo contrario de la asociación que se hace cuando la palma está abierta o mirando hacia arriba.

Una palma de la mano cerrada o inclinada hacia abajo significa la disposición a golpear o apretar y este gesto afirma un cierto nivel de dominio sobre la persona a la que se le está haciendo un gesto. El saludo romano y el nazi son los ejemplos perfectos de este gesto - están diseñados para indicar el poder y también la voluntad de luchar. Una variación sutil puede ocurrir en el cuerpo de una persona cuando está buscando controlar o confrontar a alguien.

- Los jefes, entrenadores y personas que dan instrucciones a menudo usan este gesto mientras gritan órdenes. Por lo general, extienden una mano hacia adelante con las palmas de las manos hacia abajo mientras hacen movimientos de corte para enfatizar los puntos que están haciendo.

- Golpear el púlpito o el podio con la mano abajo y los puños cerrados es un gesto típico de las personas que se consideran la autoridad. Creen que deben dirigir a su audiencia en vez de persuadirlos.

- Cuando una persona está señalando, su palma está hacia abajo y tiene la apariencia de un puño cerrado que está listo para golpear a alguien. Esto lo convierte en un gesto extremadamente agresivo cuando se utiliza en el espacio personal de otra persona.

- Una persona que muestra sus pulgares hacia arriba o hacia abajo estaría juzgando y lo más probable es que sea un dominante.

- La "V" y el dedo corazón levantado se consideran gestos groseros, ya que la palma de la mano siempre está alejada del receptor.

Si encuentras el más mínimo gesto en el

que la persona con la que estás hablando está moviendo la palma hacia adentro o escondiéndola, necesitarás entender que esa persona es incapaz de llevarse bien contigo. Algo tan simple como sostener el bolígrafo con la muñeca girada hacia el techo o con las manos entrelazadas debajo de la barbilla son signos de desinterés - la persona podría estar completamente en desacuerdo con lo que estás diciendo, o lo habrías perdido en la conversación.

Necesitarás usar gestos para ocultar la palma de la mano cuando haya necesidad de comunicar algo urgentemente y con autoridad. Necesitarás hacer una señal para llamar la atención de alguien sin ser grosero con él. La mejor manera de hacerlo es poniendo las manos detrás de la espalda o metiéndolas en los bolsillos. Asegúrate de que no pongas tus brazos sobre tu pecho ya que esto indica que estás a la defensiva y te hará parecer menos en control.

Tocarse la cara

Si un niño dice algo que está mal, inmediatamente colocará su mano sobre la boca para contener las palabras. Este es un impulso que permanece con nosotros a medida que envejecemos. Hay otros toques en la cara y en la cabeza que tienen ciertas implicaciones que se enumeran a continuación:

- Si una persona se toca los labios con frecuencia, es una señal de deshonestidad. Si no es por deshonestidad, es una señal de que se está ocultando información o de que se está engañando a una persona. Podría ser un gesto que puede ser interpretado como "Sí dije algo, pero algunas partes no son del todo correctas".

- Desde nuestra infancia, la parte posterior de nuestras cabezas ha sido acariciada para calmarnos. Si una persona se está rascando la parte posterior de la cabeza o frotando repetidamente, podría estar sintiendo un cierto nivel de agitación sobre el tema que se está discutiendo.

- Si una persona está sujetando su

cabeza, está mostrando una señal de cansancio.

• Cuando la barbilla o la mejilla se coloca en las manos, es una indicación de aburrimiento o cansancio. También podría significar que la persona no está involucrada en lo que sucede a su alrededor..

Los gestos faciales a menudo deben cogerse con pinzas. Una persona que se rasca la parte posterior de la cabeza una o más veces rápidamente, probablemente sólo está tratando de deshacerse de la picazón. Si la misma persona repite el gesto muchas veces a lo largo de la conversación, está demostrando signos de agitación. Entonces, tendrás que buscar otras señales para asegurarte de que estás interpretando correctamente a la persona.

Cuando se trata de tu lenguaje corporal, hay poco o ningún beneficio que obtendrás al tocarte la cara. Si te estás disculpando con alguien, es bueno que pongas la mano detrás de la cabeza, ya que eso mostraría un cierto nivel de vulnerabilidad. Resiste siempre la necesidad de tocarte los labios o de poner la cabeza en las manos, ya que éstas envían señales negativas.

Capítulo 7: El Apretón de Manos

El saludo con un apretón de manos se remonta a la antigua Roma, donde los hombres se saludaban unos a otros agarrándose a los antebrazos del otro. Se decía que este gesto se utilizaba para comprobar si había armas escondidas, pero había numerosas vestimentas romanas que dejaban los antebrazos al descubierto. Un hombre podría fácilmente esconder sus armas en sus mangas si realmente necesitara llevar armas. El gesto evolucionó para compartir una fuerza que fomentaba sutilmente la cooperación entre las personas frente a cualquier competencia.

El apretón de manos moderno se basa en el mismo propósito. La gente lo utiliza como un gesto para mostrar signos de cooperación y es por esta misma razón que este gesto se ha convertido en una parte importante del saludo inicial. También se utiliza para cerrar un trato. Cuando la cultura occidental se extendió por todo el mundo, la gente de todo el mundo comenzó a estrechar la mano, independientemente de cuál fuera su cultura.

Decidido

Cuando quieres hacerte cargo, tendrás que dominar el apretón de manos dominante. Si lees cuidadosamente la parte anterior, no te sorprenderá leer que este apretón de manos es aquel en el que tus palmas están inclinadas hacia abajo, lo que obligaría a la otra persona a mirar su mano hacia arriba para encontrarte con tu mano. El resto del cuerpo estaría en la misma posición fija para asegurar que la otra persona no pueda escapar del papel del sumiso.

- Los brazos están cruzados en el centro del pecho de la persona, lo que haría que el apretón de manos en el sacudidor dominante se desviara ligeramente del lado de la mano. Esto giraría la palma de la mano hacia el suelo mientras su muñeca está apuntando hacia adentro.

- El brazo siempre se sostiene rígidamente cuando se extiende completamente y la única manera de estrechar la mano sería moviendo los hombros. Esto dificultaría la rotación de la muñeca, lo que la convierte en un apretón de manos contundente en lugar de un educado apretón de manos.

- Los dedos de las manos deberán estar bien unidos cuando se ofrezca el batido. Este es un gesto agresivo ya que los dedos se apretarían entre sí sólo cuando la palma de la mano está hacia abajo..

Si lo haces con firmeza y no con fuerza, es un apretón de manos que se puede usar con facilidad. No es necesario aplastar la mano de la otra persona y definitivamente no es necesario moverse en el espacio de la otra persona. Cuando inclinas tu muñeca sutilmente hacia abajo, podrás establecer un cierto nivel de control.

Si tienes un lenguaje corporal agresivo, sólo estarás provocando reacciones defensivas o negativas de la otra persona. Si alguien intentara forzar un apretón de manos dominante sobre ti, necesitarás dar un paso adelante y girar tu cuerpo hacia la derecha o hacia la izquierda, cruzando así el camino de la persona dominante en tu último paso. El codo se moverá cuando gires y la otra persona tendrá que girar hacia afuera para estrechar tu mano. Si una persona te obliga a dar un apretón de manos con la palma de la mano hacia arriba, no luches con ella visiblemente. Sólo usa ambas manos para estrecharles la mano, es decir, la mano del dominante en tu mano dominante con tu mano sumisa abajo.

Apretón de Manos Sumiso

Cuando gires la palma hacia arriba (como se mencionó anteriormente) estarás dando la impresión de que estás abierto a lo que se está diciendo. Este es un gesto de sumisión ya que demostraría que no tienes armas en la mano y que estás listo para mostrar confianza.

Puedes usar este apretón de manos para asegurarte de que una persona que está nerviosa se sienta cómoda o que esté dispuesta a seguir el ejemplo de una persona.

- Este es un apretón de manos fácil ya que el codo rotará hacia afuera naturalmente. Tendrás que girar tu cuerpo para dar un paso a la derecha de la persona cuya mano estás temblando y dejar que tu mano se balancee ligeramente fuera del centro de tu masa con la muñeca ligeramente girada hacia afuera.

- Sólo necesitarás inclinarte ligeramente. Debes asegurarte de que tienes un aspecto digno y de que no estás ofreciendo una palmada en la palma de la mano.

- Necesitarás agarrarte firmemente para compensar el hecho de que estás usando un gesto que indica debilidad. No es necesario aplastar la mano de la persona, pero es necesario asegurarse de que el apretón de manos no esté flácido.

Una persona que está ansiosa por estrechar la mano de esta manera no está exudando confianza y probablemente se sentiría demasiado estresada o no está segura de la situación en cuestión. Necesitarás darles su espacio personal en cualquier caso y asegurarte de que mantienes tu lenguaje corporal abierto y tranquilo.

Este es un buen apretón de manos para ofrecerle a una persona cuando ya estás en ventaja y quieres que se tranquilice de la situación en la que se encuentra. También puedes usar este apretón de manos cuando te disculpas con otra persona. Se debe evitar este apretón de manos cuando se trata de un negocio, ya que es necesario dar al agitador una buena imagen de su posición en la operación.

Dos Sacudidas de Mano

Un gesto con una sola mano suele ser un buen apretón de manos. Cuando añadas la segunda mano, te estarás moviendo hacia el espacio de la otra persona y esto podría parecer agresivo o íntimo para la mayoría de los propósitos diarios.

Siempre es bueno usar un apretón de manos a dos manos cuando se quiere mostrar una conexión especial que se puede tener con alguien y también se está resaltando la importancia que tiene para ti en ese momento. Esto también se puede utilizar para establecer un nivel de control sobre la persona a la que le está estrechando la mano.

Cuanto más alto se sube al brazo de la otra persona, más íntimo se es con ella. Cuando se agarra la muñeca de la mano de la otra persona, se está haciendo que se sienta especial (por ejemplo, un predicador o un político sostendría las manos de otra persona de esta manera para mostrarle quién es el jefe y también para hacer que se sienta especial). Si estás estrechando la mano de un familiar o de un amigo cercano, puedes tocar la parte superior del brazo o el hombro mostrando intimidad.

¿Con qué fuerza apretar la mano?

Esta es una pregunta muy común que la mayoría de la gente tiene acerca de dar la mano. ¿Con qué fuerza aprietas las manos de otra persona? ¿Aprieta lo suficiente como para sentir la presión en sus manos o lo suficiente como para sentir el tejido más profundo de sus huesos? También puedes dar un apretón de manos breve, que dura sólo para el primer apretón de manos arriba y abajo. De este modo, podrás moverte hacia un agarre más neutro, lo que te resultará más atractivo.

Por ejemplo, agarra un tomate pequeño y maduro en la mano. Necesitarás asegurarte de que no aprietas el tomate con demasiada fuerza para que no se rompa la piel. Así de difícil es apretar mientras le das la mano a alguien.

Asegúrate de que tus apretones de manos sean siempre breves. Un solo movimiento hacia arriba y hacia abajo es autoritario y enérgico. Cuando continúes estrechando las manos de la persona, sentirás como si la estuvieras forzando a estrecharlas.

Capítulo 8: Señales Oculares y Expresiones Faciales

Siempre nos ha preocupado el efecto de los ojos en el comportamiento humano. Cuando se mantiene el contacto visual, se puede controlar una conversación y también se puede afirmar un cierto nivel de dominio. Pasamos mucho tiempo en conversaciones cara a cara mirando la cara de la otra persona. Por lo tanto, es esencial que prestes atención a las señales de los ojos.

Cuando las personas se conocen por primera vez, juzgan a los demás basándose en lo que ven. Puede que hayas oído frases como, ``Parece dominante'', `Parece que puede matar', `Tiene unos ojos tan bonitos' y así sucesivamente. Los ojos son las señales más reveladoras y precisas de la comunicación humana, ya que las pupilas trabajan independientemente del cerebro.

Pupilas Dilatadas

En ciertas condiciones, tus pupilas se

contraerán y se dilatarán dependiendo de tu actitud y tu estado de ánimo. La dilatación y contracción depende del cambio de humor - de negativo a positivo y viceversa. Si alguien está muy excitado, sus pupilas se dilatarán hasta cuatro veces el tamaño real. Sin embargo, cuando una persona se enoja, las pupilas se contraen y se convierten en ojitos pequeños y brillantes u ojos de serpiente. Una persona con ojos más claros es más fácil de leer ya que la dilatación y la contracción son visibles.

Los ojos son una clave para el noviazgo. Las mujeres usan maquillaje en sus ojos para enfatizar o realzar sus ojos. Si un hombre se siente atraído por una mujer, sus pupilas se dilatarían sin duda alguna y la mujer sería capaz de decodificar inconscientemente este cambio en sus ojos. Es por esta razón que la mayoría de los encuentros románticos tienen lugar en lugares poco iluminados, ya que los ojos de cada persona se dilatan en una fracción que crearía la impresión de que la gente está interesada en los demás.

A una persona le llevará tiempo ser capaz de leer las emociones de una persona a través de sus ojos. La práctica es lo que te hará perfecto. Asegúrate de no mirar fijamente a los ojos de otra persona cuando intentes leerlos. ¡Esto definitivamente los ahuyentará!

Poner Ojitos

Los seres humanos son los únicos primates que tienen manchas blancas en sus ojos, a diferencia de los ojos completamente oscuros que tienen los simios. El blanco en el ojo evolucionó para ayudar en la comunicación ya que una persona sería capaz de identificar donde está mirando la gente.

Las mujeres están programadas para leer las emociones de un hombre y es por esta razón que las mujeres tienen más blanco en sus ojos en comparación con los hombres. Es más fácil identificar dónde está mirando una mujer a causa del blanco. Los simios no tienen mucho de blanco, por lo que su presa no sabe que está siendo abordada por un simio, lo que le da una mayor probabilidad de éxito en la caza.

Arquear las Cejas

Este gesto es el que se usa para saludar a una persona que está a una distancia de ti. Este es un gesto que se ha usado desde la antigüedad y es un gesto universal. Los monos y simios lo usan como una forma de saludar a otros simios durante una reunión social, lo que confirma que se trata de un gesto innato.

Las cejas se levantan rápidamente durante un segundo y se vuelven a bajar para llamar la atención sobre el rostro de la otra persona e intercambiar señales. No se utiliza en la cultura japonesa ya que puede interpretarse como una descortesía.

Levantar la Mirada

Cuando una mujer baja la cabeza y mira hacia arriba, atrae a los hombres, ya que se trata de un gesto de sumisión. A los hombres les gusta esto porque los ojos de la mujer parecen más grandes de lo que realmente son y las mujeres suelen tener un aspecto más infantil. Esto se debe a que un niño siempre mirará a sus padres mientras habla con ellos por estar en desventaja con respecto a su estatura. Esto trae el instinto de crianza tanto en hombres como en mujeres, lo que cambiaría la forma en que un hombre mira a la mujer.

Mirada de Reojo

Podrías usar la mirada de reojo para mostrar interés, hostilidad o incertidumbre. Cuando combinas esto con una sonrisa y unas cejas ligeramente levantadas, estarás mostrando interés. Este grupo de gestos se utiliza a menudo como señal para el noviazgo, especialmente por parte de las mujeres. Sin embargo, si la persona combinara esto con cejas hacia abajo y una boca enojada, esto indicaría una actitud crítica u hostil.

Parpadeo

Una persona que no está bajo estrés o presión normalmente parpadea de seis a ocho veces en un minuto. Pero, cuando una persona está bajo presión, parpadearía rápidamente. Este es un gesto utilizado por una persona que está haciendo un esfuerzo inconsciente para bloquearte de su vista, ya que puede haberse aburrido o sentir que es superior a ti.

Sonrisa con los Labios Apretados

Los labios formarían una línea recta y ocultarían los dientes. Este gesto envía un mensaje de que la persona está ocultando su opinión o está alguna información que definitivamente no querría compartir contigo. Este gesto es más común en las mujeres, ya que lo usarían inconscientemente cuando no les gusta alguien. Las mujeres pueden descifrar este gesto en cuestión de minutos, mientras que los hombres lo ignoran.

Mandibula Bajada

Esta es una sonrisa que necesita ser practicada. La persona tendrá que dejar caer su mandíbula inferior, dando a las personas que la rodean la impresión de que están felices o de buen humor. La gente como The Joker en Batman usa esto para asegurarse de que su público esté contento.

Boca Baja

Lo opuesto de una sonrisa es bajar las comisuras de la boca. Este gesto o expresión se usa cuando una persona está infeliz, enojada, tensa o deprimida. Si una persona siempre tiene pensamientos negativos en su mente, las comisuras de su boca se acomodarían en esta posición permanentemente dejándola con una expresión permanente de boca abajo.

Capítulo 9: Gestos Comunes

Nunca pensamos conscientemente en los gestos que hacemos regularmente ni en las cosas no verbales que hacemos. Por ejemplo, cuando abrazas a una persona y sólo te dan una palmadita en la espalda, probablemente asumirías que es por afecto. Sin embargo, significa que la otra persona quiere terminar el abrazo. Si no te gusta abrazar a alguien pero estás siendo forzado a hacerlo, probablemente comenzarás a dar palmaditas en el aire incluso antes de haber sido arrastrado hacia el abrazo. Este capítulo enumera algunos gestos comunes que puedes usar a menudo sin tu conocimiento.

Inclinar la Cabeza

En muchas culturas, este gesto se utiliza para indicar acuerdo. La persona hará un arco atrofiado con la cabeza - inclinará la cabeza hacia abajo, pero la detendrá brevemente, lo que resultará en una inclinación de cabeza. Este gesto es sumiso ya que estás de acuerdo con el punto de vista de la otra persona. Las investigaciones muestran que las personas que nacieron ciegas, mudas y sordas usan la misma manera de estar de acuerdo con un punto, lo que concluye que el asentir con la cabeza es un gesto de sumisión que es innato.

Agitar la Cabeza

Las investigaciones realizadas sobre los gestos también indicaron que agitar la cabeza de un lado a otro, lo que implica que no, es un gesto innato que podría ser el primer gesto que los seres humanos hayan aprendido. La teoría detrás de esto es que un bebé recién nacido mueve la cabeza de un lado a otro cuando ha tenido suficiente leche tratando de rechazar el pecho de su madre.

Cuando descubres que alguien está usando un movimiento de cabeza con una frase afirmativa, tienes que ser escéptico al respecto. Si una persona dice, "Puedo ver lo que estás diciendo" y acompaña esa frase con un movimiento de cabeza, esto implica que no está totalmente de acuerdo con el tema.

Encoger la Cabeza

El encogimiento de hombros que empuja la cabeza hacia abajo mientras se levantan los hombros ayuda a proteger el cuello de cualquier tipo de lesión. Este es un gesto que siempre es parte de un grupo - cuando escuchas un ruido fuerte o cuando piensas que alguien está a punto de golpearte, haces este gesto. Cuando este gesto se hace en un negocio o en un contexto personal, esto sería una forma sumisa de disculpa, lo que estropearía tu plan de parecer confiado.

Si una persona pasa al lado de alguien que considera superior, utilizaría este gesto que la delataría como sumisa. Podrás identificar el estado entre las personas usando este gesto.

Quitar el Polvo

Si una persona no está de acuerdo con las opiniones y las actitudes de las personas que la rodean y no quiere decir nada al respecto, comenzará a quitar el polvo o pelusa de su ropa. Estaría mirando hacia abajo a su ropa y lejos del altavoz. Este es un signo común de desaprobación y sólo se usaría cuando no le gusta lo que se dice, aunque podría estar de acuerdo con lo que se dice.

Piernas Separadas

Este gesto es más prominente en los hombres y con frecuencia lo realizan los simios que tratan de establecer cierto control y autoridad sobre los otros simios. El simio impediría la pelea y sólo querría parecer dominante. Esto es igual con los hombres. Pueden realizar este gesto inconscientemente, pero envía un sentido de autoridad a la gente que lo rodea. Si un hombre lo usa delante de una mujer en un negocio, está intimidando a la mujer porque la mujer no puede reflejar este gesto.

Piernas sobre el Brazo de la Silla

Este es un gesto que frecuentemente realizan los hombres, ya que también utiliza el gesto anterior. Demuestra que el hombre ha tomado posesión de la silla y también señala una actitud agresiva e informal.

Sentarse a Horcajadas en una Silla

Muchos siglos antes, los hombres usaban escudos para protegerse durante la guerra. Si una persona se sienta así en una silla, se dice que el hombre está tratando de protegerse de un ataque de cualquier tipo.

Capítulo 10: Conexión del Cuerpo y la Mente

La mayoría de la gente dice que la mente y el cuerpo están conectados profundamente. La gente cree que la mente controla las acciones del cuerpo, pero hay más que eso. Este capítulo te ayudará a entender las complejidades de la conexión entre la mente y el cuerpo.

¿Cómo afecta la mente al cuerpo?

La mente y el cuerpo tienen una conexión que no es tan evasiva como la gente dice que es. La conexión siempre existe para bien o para mal. Veamos algunos ejemplos.

Es posible que hayas notado que se te hace agua la boca cuando piensas en tu comida favorita. Cuando te preparas para un examen, entrevista o incluso una cita, tienes mariposas en el estómago. Esto demuestra cómo tus pensamientos han comenzado a afectar tu sistema digestivo. Si ves que un atleta ha actuado ineficientemente durante un partido, puede ser por el miedo que tiene en su mente. Podría haberse ahogado de miedo por lo que podría haber perdido la capacidad de controlar y coordinar sus acciones.

Cada persona experimenta la conexión entre la mente y el cuerpo, lo que implica que esto no es algo que sólo ocurre a veces. Esta conexión es muy real y por eso nos metemos en algunas situaciones difíciles. Por ejemplo, cuando no te gusta alguien, tu cerebro automáticamente detectará y mostrará una emoción de asco o una emoción de ira dependiendo de cómo te sientes. Esta emoción se muestra automáticamente en tu cara y tu cuerpo enviará una señal a esa persona sin que te des cuenta.

¿Ha habido un momento en el que has estado hablando con alguien y has tenido una sensación muy fuerte de que esa persona no quería estar ahí hablando contigo? Si sacas una foto de ese mismo momento, verás que la persona asiente con la cabeza ante lo que dices y sonríe y ríe donde se considere necesario. Sin embargo, cuando miras su postura, encontrarás que su cuerpo está alejado de ti, lo que implica que está buscando una salida. Si miras cuidadosamente la dirección en la que su cuerpo está mirando, podrás ver en qué dirección preferiría ir.

Cuando tienes una reunión en la que estás hablando con una persona cara a cara, si la otra persona ha decidido terminar o abandonar la conversación, girará su cuerpo y sus pies y señalará hacia la salida más cercana. Si formas parte de esta conversación, tendrás que asegurarte de hacer algo para captar de nuevo la atención de la persona. De lo contrario, tienes que terminar la conversación en tus propios términos para mantener el control de la conversación.

¿Qué dicen los ángulos del cuerpo?
La distancia que la gente mantiene entre sí al conversar le da al espectador una comprensión del grado de intimidad o interés. El ángulo al que una persona puede orientar su cuerpo proporciona una indicación no verbal sobre su actitud hacia la otra persona.

Posturas Abiertas

Los animales generalmente le hacen señales a otro animal cuando se trata de pelear con ese animal. Se acercarán de frente. Si el otro animal ha aceptado el desafío, señalará de la misma manera y de esta manera reciprocará el desafío. Sin embargo, si un animal no quiere pelear pero quiere observar al otro animal, se acercará al animal de lado para controlarlo.

Lo mismo se aplica a los seres humanos. Cuando una persona se dirige a una audiencia con una actitud fuerte, de pie y de frente a la audiencia, siempre se percibe como un hombre agresivo. En contraste, una persona que se dirige a la audiencia mientras apunta su cuerpo un poco lejos de la audiencia es considerada una persona segura de sí misma y no agresiva.

Con el fin de evitar parecer una persona agresiva, tendrás que inclinar tu cuerpo a 45 grados cuando hables con otra persona para parecer amigable. Cuando te inclinas a 45 grados, la otra persona se inclina automáticamente a 45 grados, formando así un ángulo de 90 grados. Si te encuentras en espacios confinados, como trenes o ascensores, no podrás inclinar tu cuerpo en un ángulo de 45 grados. En tales situaciones, tendrás que inclinar la cabeza en ese ángulo.

Posturas Cerradas

Cuando dos personas tienen una relación íntima, los ángulos de su cuerpo cambian automáticamente a 0 grados desde 45 grados, lo que implica que se miran directamente el uno al otro. Si quieres monopolizar la atención de una persona, tendrás que usar esta posición y otros gestos mientras hablas.

Si un hombre cortejara a una mujer, se enfrentaría a ella directamente y cerraría la distancia entre ellos, moviéndose así hacia su espacio íntimo. Si la mujer acepta esto, se orientará a mirar su cuerpo y permitirá que el hombre entre en su espacio personal. En comparación con la posición abierta, la distancia entre las personas en la posición cerrada es mínima. Además de mostrar ciertos gestos de cortejo, las personas en la conversación también pueden reflejar los gestos del otro y continuarían manteniendo contacto visual si ambos estuvieran interesados. Sin embargo, esta posición se puede utilizar entre personas que son hostiles entre sí y que se están preparando para un desafío.

Las investigaciones han demostrado que las mujeres temen ser atacadas por la espalda y desconfían de cualquiera que se les acerque por la espalda, mientras que los hombres temen que se les pegue por el frente y desconfían de cualquiera que se les acerque desde el frente. Asegurate de no pararte frente a un hombre que acabas de conocer ya que su mente lo percibirá como una señal agresiva.

Si es la primera vez que conoces a una persona, trata de mantenerte en una posición abierta. Esto le dará a la mente de la persona la señal de que sólo estás tratando de ser amigable.

¿Cómo controlas tus pensamientos?

Cuando estás hablando con alguien nuevo y no te sientes muy cómodo con él, tu cuerpo le enviará señales a él o ella debido a tus pensamientos. Cuando estés interesado en la persona, comenzarás a mostrarle algunas señales a esa persona porque tu mente dirigirá automáticamente a tu cuerpo para que lo haga. En tales situaciones, siempre es bueno asegurarse de que tiene un cierto nivel de control en tu mente.

1. Si una persona ha invadido tu espacio personal y no te sientes cómodo con él, puedes comenzar lentamente a inclinar tu cuerpo hacia la posición abierta para ayudarte.

2. Cuando descubres que una persona se está alejando de ti, es una señal de que la persona ya no está interesada en la conversación y es mejor que intentes una nueva forma de conversar con ella.

3. Si estás interesado en la persona y la otra persona te ha dejado claro que también está interesada, puedes moverte lentamente a la posición cerrada. Asegúrate de no apresurarte en esta posición, ya que eso podría asustar a la persona.

Necesitas recordar que tu mente es muy fuerte cuando se trata de controlar tu cuerpo. Tus piernas siempre te delatarán aunque estés controlando tus gestos. Asegúrate de que estás frente a la persona con la que estás hablando, sin inclinarte ni las piernas hacia ella.

Conclusión

Hay varios aspectos del lenguaje corporal que han sido tratados en este libro. Si has leído hasta esta parte del libro pero no puedes recordarlo todo, no te preocupes. A continuación, los puntos clave son todo lo que necesitarás tener en cuenta cuando estés trabajando en tu lenguaje corporal.

Consejos para mantener un lenguaje corporal positivo

- Mantén siempre una postura relajada, independientemente de si estás de pie o sentado. Asegúrate de mantener la espalda recta y no rígida. Cuando se relajan los hombros, te sentirás cómodo y seguro.

- No te tumbes cuando estés sentado, pero mantén las piernas ligeramente separadas incluso cuando estés de pie. Esto le daría a la gente la impresión de que te sientes a gusto contigo mismo.

- Inclínate hacia la persona que te habla para darle la impresión de que estás escuchando atentamente lo que te están diciendo. Si te alejas, entonces estás demostrando signos de desinterés u hostilidad.

- No cruces los brazos por delante del pecho, ya que eso alejaría a la gente de ti. Mantén tus manos colgando cómodamente de lado y junta tus brazos en tu regazo para mostrar que estás abierto a hablar.

- - Mantén siempre el contacto visual con la persona con la que estás hablando. No los mires fijamente, sólo míralos mientras hablas y sólo mira para otro lado de vez en cuando. Cuando mantengas un buen contacto visual, le estás dando a la persona la impresión de que estás interesado en ellos.

- Concéntrate en ralentizar tu discurso. Es necesario respirar profundamente y hacer un esfuerzo consciente para disminuir la velocidad del habla.

- No mires a la hora de hablar con una persona. Esto les daría la noción de que no estás interesado en lo que ellos tienen que decirte. Si tienes prisa, sé cortés y díselo a la persona.

- Nunca mires al suelo mientras hablas

con una persona, ya que eso le daría la sensación de que eres desinteresado y tímido.

- Nunca te acerques demasiado a una persona ni invadas su espacio personal, ya que eso le daría un sentimiento negativo sobre ti.

- No te toques la cara repetidamente ya que eso le daría a la persona una indicación de que estás mintiendo.

- No golpees demasiado los dedos o las piernas, ya que eso le daría a la persona un signo de impaciencia que no augura nada bueno con ellos. Hazle saber a la persona que tienes prisa antes para evitar cualquier efecto negativo..

Recuerda estos aspectos cuando hables con las personas que te rodean. Si descubres que una persona con la que estás hablando está mostrando un lenguaje corporal negativo, tendrás que cambiar de táctica para llamar su atención. La lectura del lenguaje corporal viene con la práctica. Intenta ir a los parques y observa a las personas sobre cómo reaccionan ante los demás a su alrededor.

Practica siempre y ten en cuenta ciertos puntos clave cuando te comuniques con otros.

Espero que estas guías de lenguaje corporal te sean útiles y las apliques bien para tu beneficio.

www.ingramcontent.com/pod-product-compliance
Lightning Source LLC
Chambersburg PA
CBHW051722020426
42333CB00014B/1109